CW00815804

LE MAL NAPOLÉONIEN

L'Invention du possible
Flammarion, 1991

Le Temps de répondre
Entretiens avec Alain Duhamel
Stock, 2002
et « Le Livre de poche », n° 15391

Le monde comme je le vois
Gallimard, 2005

L'Impasse
Flammarion, 2007

Lionel raconte Jospin
Entretiens avec Pierre Favier et Patrick Rotman
Seuil, 2010
et « Points », n° P2498

Lionel Jospin

LE MAL NAPOLÉONIEN

Éditions du Seuil

CET OUVRAGE A ÉTÉ ÉDITÉ
SOUS LA DIRECTION
DE MAURICE OLENDER.

TEXTE INTÉGRAL

ISBN 978-2-7578-5048-0
(ISBN 978-2-02-116317-9, 1ʳᵉ publication)

© Éditions du Seuil, 2014

Avant-propos

Il y a longtemps que la place prise par Napoléon Bonaparte dans l'imaginaire national m'intrigue. Longtemps que je m'interroge sur la gloire qui s'attache à son nom. Longtemps que je suis frappé par la marque qu'il a laissée dans notre histoire. C'est ce qui m'a incité à écrire ce livre.

Je ne propose pas ici un ouvrage d'histoire. Ni une biographie de plus. Des dizaines de milliers de volumes, français ou étrangers, dont certains remarquables, ont été consacrés à Napoléon Bonaparte. Aux historiens, je paie tribut. Ils ont permis que ma réflexion s'appuie constamment sur des faits.

Mon essai est celui d'un homme politique, informé des ressorts du pouvoir et animé d'une certaine idée de ce que sont, à travers le temps, les intérêts de son pays. J'ai eu envie de faire partager à des lecteurs un cheminement qui part d'une période cruciale de l'histoire de France et me conduit jusqu'à nos jours, afin d'éclairer certains aspects du présent.

Mon analyse n'est pas exempte de subjectivité. Si j'avais traversé la Révolution – pour autant que la Terreur m'eût laissé intact –, je n'aurais pas, au seuil de l'Empire, rallié Napoléon Bonaparte. Ni sa personnalité, ni ses modes d'action, ni son ambition, ni la nature de son pouvoir ne m'auraient entraîné. J'aurais été opposant – ce qui était malaisé – ou je me serais tenu à distance.

On m'accusera peut-être d'anachronisme. J'examine le passé en étant imprégné des valeurs et des savoirs du présent. N'est-ce pas toujours le cas lorsqu'on regarde en arrière ? Je ne néglige pas les mœurs du temps d'alors ni l'extrême confusion de la période. Mais à l'époque, les Lumières avaient déjà répandu leurs idées et la Révolution française avait proclamé les principes auxquels je me réfère.

Je n'entends pas écrire un pamphlet. Je ne m'inscris ni dans la « légende dorée » ni dans la « légende noire » de Napoléon. La gloire de l'Empereur est une évidence à laquelle je ne saurais porter atteinte. Je ne discute pas la grandeur du personnage, le talent du soldat, la puissance de travail de l'administrateur ni même le brio du propagandiste. Mais je les considère sans céder à la fascination.

J'examine si les quinze années fulgurantes du trajet du Premier consul et de l'Empereur ont servi la France. Si elles ont été fructueuses pour l'Europe. À mesurer l'écart entre les ambitions proclamées, les moyens déployés, les sacrifices exigés et les résultats obtenus, la réponse est non.

Pourtant, tout le monde ne partage pas ma réserve. J'ai même vu, l'année dernière – un peu sidéré, je dois le dire – le principal parti conservateur français organiser une « fête de la Violette » en assumant le souvenir que cette fleur était le signe de ralliement des bonapartistes sous la Restauration. Les symboles – ou les regrets ? – durent…

Les apologistes de Napoléon ne manquent pas, même

chez nos contemporains. Ils préfèrent en général s'adonner au lyrisme ou cultiver la nostalgie de la gloire plutôt que de mettre en balance, de façon scrupuleuse, les bienfaits et les maux apportés par l'Empire.

Je prendrai pour exemple l'un de ces zélateurs récents, Jean d'Ormesson, parce que j'aime ses livres et qu'il a le prestige de l'académicien. En prologue à une *Conversation* imaginaire entre Cambacérès et Bonaparte, publiée en 2011, il proclame : « Pourquoi Bonaparte ? La réponse est assez simple. Parce qu'il a du génie. Parce qu'il est le successeur d'Achille, de César, d'Alexandre le Grand. Parce qu'il change le cours de l'histoire et qu'il prépare le monde où nous vivons. Un échec mais éblouissant […]. Il est un mythe vivant, une légende qui se crée, un dieu en train de surgir. »

Or je ne pense pas que Napoléon ait « changé le cours de l'histoire » en Europe. Il l'a au contraire figé. Je ne crois pas qu'il ait « tiré les Français de l'abîme » – autre citation du même livre. Et il me semble que l'éblouissement n'interdit pas de voir clairement l'échec. Je regrette que ce conquérant ait laissé son pays vaincu, amoindri et souvent détesté. Je crains aussi qu'il ait privé à l'époque la France et l'Europe d'un autre destin, plus fécond.

Le basculement de la Révolution dans le despotisme, le passage de la nation à l'Empire par la guerre, le bouleversement puis la glaciation de l'Europe, la défaite et le trouble de la France, les épisodes césaristes après Napoléon, l'empreinte du bonapartisme aujourd'hui, telles sont les séquences qui me permettront de rechercher si l'aventure météorique d'un homme a été un bien ou un mal pour la France.

1

De la Révolution au despotisme

Toute révolution s'achève

La révolution est brève. Sinon, elle n'est qu'agitation stérile. Elle rompt l'ordre ancien et ouvre sur un nouveau monde. Elle est un accélérateur du temps : elle comble des attentes, défait des habitudes et change des repères. Mais l'élan de la révolution crée un vertige et, en son sein même, naît un jour le désir d'un retour à l'ordre. Alors, la révolution s'achève.

L'évolution seule, qui est ajustement au temps des individus et de leur organisation sociale, qui produit le changement par glissements successifs et économise l'énergie des acteurs, permet normalement d'échapper à la loi du retour à l'ordre. Si elle infléchit l'ordre par la réforme. À la fin du XVIIIᵉ siècle, la France n'a pas suivi la voie de la réforme.

En 1789, la monarchie absolue ne sait pas composer. La Révolution française doit donc détruire pour être fondatrice. Elle renverse la hiérarchie des ordres et abolit les privilèges. Elle proclame les Droits de l'homme et du citoyen. Elle établit les grandes libertés civiles et dit son respect du droit des peuples. Elle se donne pour devise la Liberté, l'Égalité, la Fraternité. Elle forge le principe de la souveraineté populaire et, ayant aboli la monarchie, elle instaure la République. L'écho de ses bouleversements et de ses idées est puissant en Europe.

Pourtant, la Révolution française ne peut se stabiliser, transformer un moment d'exception en mouvement ordinaire. L'isolement extérieur pèse. Si la France révolutionnaire éveille des espoirs en Europe dans les élites éclairées et dans certaines fractions des peuples, elle se heurte aux États monarchiques. Par une déclaration de guerre imprudente à l'Autriche en 1792, la France réunit contre elle une coalition étrangère qui précipite la chute de la royauté et favorise la radicalisation intérieure. Entre les révolutionnaires, les tensions sont très vite extrêmes et elles ne se relâchent jamais assez pour conduire vers des consensus stabilisateurs.

La monarchie constitutionnelle, que semblait annoncer la Révolution en 1789, ne s'acclimate pas. Les monarchistes s'illusionnent sur le secours que leur apporteront les têtes couronnées d'Europe et ne cherchent pas le compromis. Les chefs révolutionnaires se divisent sur la question de la paix et de la guerre comme sur la personne et le rôle du roi. Les faubourgs populaires imposent leur radicalité. Le 10 août 1792, la royauté chute.

La jeune République est immédiatement déchirée par les factions. Aux Girondins, modérés, légalistes, provinciaux et fédéralistes, s'opposent les Jacobins, radicaux, démocrates prêts aux mesures d'exception, parisiens et centralisateurs. Entre eux, le compromis n'est pas possible et l'affrontement débouche sur les massacres de Septembre (1792), la mise à mort du roi (21 janvier 1793), la dictature du Comité de salut public et finalement la Terreur (qui fera quarante mille victimes). La Terreur devient, face aux difficultés intérieures et à la menace extérieure, un mode de gouvernement. La Révolution « dévore ses enfants ». Elle est aussi menacée en Vendée par une guerre civile meurtrière (qui fera dans les deux cent mille morts).

Cette exacerbation ne peut durer. Or, malgré la victoire de Fleurus (26 juin 1794) qui allège la menace étrangère, la Terreur ne cesse pas. Alors, du sein même de la Convention, une fraction des anciens Jacobins animée par Paul Barras, craignant une nouvelle épuration, fait bloc le 8 thermidor an II (26 juillet 1794) et abat Robespierre et Saint-Just. Avec ce coup d'arrêt imposé à la Révolution par les « thermidoriens » – un terme où se mêlent soulagement et opprobre, et qui fera fortune –, la période d'exception s'achève.

Sous le Directoire, une normalisation s'opère qui va durer quatre ans. Paralysé, ce régime craint autant la revanche des Jacobins et les poussées populaires que le retour des royalistes. Avec les directeurs, qui donnent le ton, les notables se disent que le temps est venu, non plus de faire la révolution, mais d'en jouir. Pourtant, la guerre n'a pas cessé. La crise monétaire, la pénurie, la cherté de la vie assaillent un pouvoir que les divisions du législatif et de l'exécutif condamnent à l'impuissance.

Les 18 et 19 brumaire an VIII (9 et 10 novembre 1799), une poignée d'hommes (Barras, Lucien Bonaparte, président du Conseil des Cinq-Cents, Cambacérès, Roger Ducos, Fouché, Talleyrand…), répondant aux demandes pressantes de la bourgeoisie riche et aux aspirations des notables, opèrent un coup d'État. Un général populaire (parce qu'il a remporté des victoires en Italie) et considéré comme républicain (parce qu'il a réprimé le 13 vendémiaire an IV – le 5 octobre 1795 – une insurrection royaliste), Napoléon Bonaparte, est, après tâtonnements, la figure de proue trouvée.

Il s'agit, grâce à un pouvoir fort, d'assurer l'ordre et la paix et de clore vraiment la période de la Révolution. Mais il faut en préserver les acquis jugés essentiels : la propriété (notamment des biens nationaux), l'égalité des droits, les libertés civiles, la séparation de l'Église et de l'État, le droit de suffrage (réservé, par le cens, aux plus aisés) et aussi la forme républicaine du gouvernement. Ainsi naît le Consulat, terme ambigu inspiré de la Rome antique. Bonaparte devenant le Premier consul, pour la première fois en France le pouvoir est confié à un militaire. Son projet est d'assurer l'ordre. Mais lequel ?

L'ordre napoléonien

Sous le Consulat, puis l'Empire, l'ordre est rétabli, et pas seulement parce que cesse le brigandage. Le principe d'autorité est en effet au cœur de l'État et de la société, tels que les conçoit Napoléon Bonaparte : autorité du Premier consul, puis de l'Empereur sur tous et d'abord, sans murmure, sur les grands dignitaires (civils ou militaires) et les hauts serviteurs de l'État ; autorité du préfet sur ses fonctionnaires et sur les maires ; autorité de la police dans son rapport aux citoyens ; autorité du mari sur sa femme et du père sur ses enfants – restaurée par le Code civil ; autorité du patron sur ses ouvriers ; autorité de l'Évêque sur ses curés et ses ouailles.

L'ordre se donne la religion pour garant. Napoléon n'est pas lui-même croyant. L'anticléricalisme, puissant

sous la Révolution, reste prégnant dans la classe politique et les milieux militaires. Mais le Premier consul
ne néglige pas le facteur de stabilité que peut représenter
l'Église. Dès 1802, la loi prévoit une liturgie et un
catéchisme uniques pour toutes les églises catholiques.
Plus tard, l'obéissance à l'Empereur sera explicitement rappelée dans le catéchisme impérial. De plus,
le 15 août, traditionnellement fête de la Vierge Marie
mais aussi jour de naissance de Napoléon (en 1769),
sera honoré un saint Napoléon inventé pour la circons-
tance. La nouvelle dynastie en marche et la religion
se verront ainsi liées.

L'aspiration à l'ordre passe parfois par des chemins
inattendus. Ainsi la franc-maçonnerie apportera un…
franc soutien aux institutions impériales, en France
comme en Europe. Les francs-maçons ont souffert sous
la Terreur mais ne veulent pas du retour de l'Ancien
Régime. Nombre des dignitaires du nouveau régime
sont des « frères ». Ainsi la franc-maçonnerie, choyée
par l'Empire, nous donne-t-elle un bon exemple de soumission librement consentie. L'ordre restauré s'appuie
aussi sur une organisation centralisée du pouvoir.

Un État hypercentralisé

En France, la centralisation était un héritage ancien
de la monarchie absolue. L'approche girondine écartée,
la Révolution l'a fait fructifier. Les régimes consulaire
et impérial la renforcent. Gravissons les échelons. Dans
la commune, le maire n'est plus élu mais nommé. Au
niveau du département – l'Empire en comptera cent trente
en 1811, au faîte des conquêtes –, les pouvoirs sont

concentrés dans les mains du préfet, le conseil général, hérité de la Révolution, en ayant peu. Au sommet, tout pouvoir ramène à l'Empereur. Du haut en bas de la hiérarchie, l'uniformité et la discipline s'imposent, dans l'intention de disposer avec l'administration d'un outil efficace. Cette approche perdurera, on le sait, et, sous quatre républiques, la France restera le plus centralisé des États démocratiques. Il faudra attendre les lois de décentralisation de 1982-1983 pour que s'opère un changement qui nous rapprochera des autres démocraties.

Sous l'Empire, la limite de l'efficacité du système tient à sa personnalisation. La centralisation fait remonter le pouvoir de décider jusqu'au sommet de la pyramide. Par volonté d'édicter et de contrôler, par désir impatient d'une exécution rapide, Napoléon se mêle de tout, va jusqu'au détail, délègue peu et entend tenir les fils de la décision dans ses mains. Un exemple parmi d'autres : en 1810, l'Empereur décide de signer lui-même les licences mises en œuvre dans le cadre du Blocus économique contre l'Angleterre ! Ce mode de fonctionnement, dans un Empire si vaste, avec un Empereur si souvent en campagne et lent à joindre, est évidemment une source de paralysie dans les rouages et de passivité chez les acteurs. Ceux-ci n'ont guère la parole, sauf, rarement, le peuple, quand il est convié au plébiscite.

Un système électoral non démocratique

La référence constante du bonapartisme, dès ses débuts, est celle du lien direct unissant le peuple à un chef charismatique. Sans aucun doute, la propagande aidant, le général victorieux de la guerre d'Italie, le conquérant fulgurant de l'Égypte (l'échec final étant dissimulé), le Premier consul promettant la tranquillité publique et la paix, l'Empereur glorieux, toutes ces figures de Napoléon Bonaparte ont été populaires. Les choses changeront seulement vers la fin, avec l'accumulation des guerres, le poids de la conscription et les défaites. Poser au peuple des questions opportunément choisies pouvait se faire sans risque.

On met en avant les consultations du peuple auxquelles Napoléon Bonaparte a recouru à quatre reprises : la première à l'aube de son pouvoir, en 1799-1800 pour l'approbation de la Constitution de l'an VIII (instaurant le Consulat), la dernière à son crépuscule, en 1815, après le retour de l'île d'Elbe (pour l'Acte additionnel aux Constitutions de l'Empire). Il s'est agi, en effet, par différence avec les modes de scrutin censitaires réservés à une minorité de citoyens aisés, d'un recours au suffrage universel – masculin bien sûr. Mais les questions posées, auxquelles il faut répondre par oui ou par non, portent exclusivement sur l'approbation d'un régime et d'un homme. La légitimité dont Napoléon se réclame est bien de nature populaire – du moins tant que l'Empire n'est pas devenu héréditaire. Pourtant, comme ces consultations n'ont pas pour objet d'interroger le peuple sur une question de fond détachée d'un enjeu direct de pouvoir mais d'approuver massivement un homme, les plébiscites napoléoniens (du Premier, puis du Second Empire) sont restés suspects dans notre histoire politique, au point d'entacher longtemps la notion même de référendum.

D'autant que la technique du plébiscite est d'entrée de jeu manipulée par les Bonaparte. Lors du premier plébiscite, le taux d'abstention ayant atteint 80 % et le nombre total des *oui* ayant à peine dépassé un million cinq cent mille (les *non* étant fort peu nombreux), Lucien Bonaparte, alors ministre de l'Intérieur, fait modifier les résultats réels pour aboutir à trois millions de *oui*. La fraude – qui ne change pas le résultat du vote mais l'amplifie – se répétera ensuite.

Hors les plébiscites, les élections, par lesquelles les citoyens élisent leurs représentants ou des responsables publics, ne sont pas d'essence démocratique. À première vue, le suffrage masculin est quasiment universel. Dans les premiers temps de la Révolution et à nouveau sous le Directoire, le suffrage était censitaire : il fallait payer un certain montant d'impôt pour être un *citoyen actif*. Désormais, tout homme de vingt et un ans, s'il n'est pas domestique ou failli, peut voter. Mais ce suffrage est indirect et contrôlé. Il repose sur un système de « listes de confiance ». Les électeurs ne désignent pas directement leurs représentants dans les assemblées ; ils choisissent des hommes en qui ils ont confiance sur des listes communales. Ceux-ci sélectionnent les membres de la liste départementale qui à leur tour participent au choix de la liste nationale, au sein de laquelle sont désignés par le Sénat et le Premier consul les responsables publics. Ce système complexe et pyramidal, qui prive le citoyen de tout pouvoir réel, sera simplifié sous l'Empire mais il restera à plusieurs degrés. Dans les collèges électoraux, la place des propriétaires fonciers, des fonctionnaires, des anciens révolutionnaires acquis au régime ou des nobles ralliés est prépondérante. Dans les élections sous l'Empire, les citoyens proposent ; ils ne choisissent pas. La peur du peuple, du peuple sans instruction, le refus de la « loi du nombre », qui étaient présents dès le début de la Révolution, restent marquants sous l'Empire. Le mode de scrutin est conçu pour des notables dont on attend la docilité dans les assemblées.

Des assemblées sans parlementarisme

Dès le Consulat, la suprématie de l'exécutif et du Premier consul sur le législatif est affirmée. Elle se renforcera sous l'Empire. Le pouvoir législatif est fractionné et faible. Au premier rang vient le Sénat, qui siège au palais du Luxembourg. Dans son principe, posé par Sieyès, il est conçu comme un régulateur de la marche des institutions et comme un gardien de la Constitution. Il examine les listes de confiance pour dresser la liste nationale sur laquelle sont choisis les consuls, les membres du Corps législatif et ceux du Tribunat. Il dispose de pouvoirs législatifs et constitutionnels, notamment à propos des textes transmis par les deux autres assemblées.

Dans la réalité, recrutés par cooptation ou, pour certains d'entre eux, directement nommés par le chef de l'État, les sénateurs seront financièrement choyés et politiquement soumis. Loin d'être un contrepoids au pouvoir exécutif, le Sénat se comporte comme un instrument de l'Empereur. Utilisant les sénatus-consultes dans tout domaine pour répondre au vœu du gouvernement, les sénateurs ne prendront jamais la liberté de contredire Napoléon ou seulement de le freiner. Ils se borneront à l'abandonner tout à la fin en votant sa déchéance, le 2 avril 1814, quand la France sera envahie !

Le Tribunat vient en second. N'ayant ni l'initiative des lois ni le droit d'amendement, il émet seulement un avis favorable ou défavorable sur les projets de textes du gouvernement. En seront membres au début quelques brillants esprits du temps : Benjamin Constant, Marie-Joseph Chénier, Pierre Claude François Daunou, Jean-Baptiste Say… Ils ont approuvé le coup d'État de brumaire mais souhaiteraient tempérer Bonaparte – qu'on ne tempère pas. Le Tribunat ne s'oppose pas aux transformations du régime (vers le Consulat à vie, puis l'Empire) mais il exprime parfois des critiques, à propos du Code civil par exemple. Il est donc supprimé en 1807.

Le Corps législatif forme la troisième assemblée. Elle est chargée de voter les lois, sans discussion. Comme les tribuns, ses membres sont choisis par le Sénat sur la liste de confiance nationale. Ils n'ont aucun pouvoir de contrôle du gouvernement, dont les ministres ne viennent pas devant eux. Après quelques manifestations initiales d'opposition mal tolérées par Bonaparte, le Corps législatif votera tous les projets de loi. Se réunissant moins sous l'Empire, il se réveillera en 1813, au moment des défaites, en souhaitant que la nation recouvre « le libre exercice de ses droits politiques », ce qui entraînera son ajournement. Le 3 avril 1814, il votera lui aussi la déchéance de l'Empereur !

Ce pouvoir législatif morcelé et délibérément affaibli suivra le cours suivant : vaine tentative initiale d'exercer ses minces prérogatives, rappel à l'ordre ou épuration par l'Empereur, puis docilité constante et abandon du chef quand vient la défaite, avant le ralliement aux autorités de la Restauration. Toujours, la soumission prévaut. Il est vrai que l'Empire a pour s'imposer d'autres armes encore que la popularité de son chef, la centralisation du pouvoir et la faiblesse parlementaire.

L'Empire, un régime despotique et policier

Le pouvoir bonapartiste naît d'un coup d'État indolore contre un régime corrompu, discrédité et faible, au cœur duquel il a bénéficié de complicités. Il suffit à ce pouvoir d'être résolu, rigoureux à l'intérieur et craint à l'extérieur pour être accepté et solide. Il l'est.

Pourtant, le nouveau régime ne s'en tient pas là. Il devient très vite despotique et policier. Tout joue. La personnalité du chef : un soldat passionné, impérieux, impatient et qui ne supporte pas l'opposition. L'empreinte de pratiques autoritaires récentes, celles de la monarchie absolue puis de la dictature du Comité de salut public sous la Convention. La crainte d'un peuple turbulent qui vient de faire la Révolution. La volonté d'avoir le pays tout entier sous contrôle au moment de faire la guerre. Loin du règne des libertés annoncé par la Révolution à ses débuts, l'Empire sera despotique et même, selon nos termes d'aujourd'hui, dictatorial.

Le refus de toute opposition est marqué d'entrée de jeu. Puisqu'elle n'est pas tolérée dans les assemblées, elle ne saurait l'être ailleurs. L'attitude vis-à-vis de ceux qu'on a appelés les « idéologues » est à cet égard révélatrice. Il s'agit d'un groupe de philosophes et de savants (on dirait aujourd'hui d'« intellectuels ») souvent proches de l'Institut (dont Bonaparte est lui-même membre), qui sont restés fidèles aux idées des Lumières et aux grands principes de la Révolution. Modérés, antijacobins, sévères pour l'intolérance religieuse et hostiles à l'Ancien Régime, ils pourraient être pour Napoléon un soutien critique. En tout cas, ils ne sont guère dangereux. Or ils irritent bientôt l'Empereur, et leur revue

La Décade philosophique est forcée de fusionner avec celle de leurs ennemis contre-révolutionnaires du *Mercure de France* ! On verra plus loin d'autres exemples de cette intolérance.

Lorsque la menace pour le régime et son chef se fait directe et physique, la réplique est brutale. Le 24 décembre 1800, une « machine infernale » destinée au Premier consul explose et tue. Les « Jacobins » sont accusés, bien que les auteurs de l'acte – Fouché, le chef de la police, le sait – soient royalistes. Bonaparte n'en a cure et, au-delà de l'exécution des coupables, fait déporter sans instruction ni jugement cent trente personnalités, le plus souvent des anciens révolutionnaires estimés hostiles. Cet épisode, dit des déportés de nivôse, est révélateur des méthodes de Bonaparte et du caractère que prend son pouvoir. Il l'est sur le fond, puisque des innocents (les « Jacobins ») sont condamnés ; dans la forme, puisqu'ils sont condamnés sans preuve et sans jugement ; dans l'état d'esprit, empreint de rancune, puisque les survivants, lorsqu'ils rentreront en France, seront brimés.

Le pouvoir est tout aussi implacable face à la protestation sociale. À Caen, en 1812, les prix du grain augmentant trop, des moulins sont pillés par la foule. Personne n'est brutalisé ou blessé, mais quatre mille soldats sont envoyés sur place, quatre émeutiers (dont deux femmes) sont passés par les armes. D'autres sont condamnés aux travaux forcés.

Le contrôle sur la presse est absolu. Napoléon déteste la liberté de la presse et méprise les journalistes. Indépendants, ils lui déplaisent ; serviles, ils sont jugés sans intérêt. La presse, en particulier parisienne, est donc l'objet d'une rigueur constante. Nombre de feuilles sont interdites, d'autres sont victimes de regroupements forcés. Bien que leurs tirages soient très faibles, compte tenu du public de l'époque, les journaux inquiètent. On taille dans leur nombre : il y en avait soixante-dix à Paris en 1799, il n'en restera que quatre en 1814 ! En province, les préfets sont aussi sévères.

La censure, supprimée par la Constituante, rétablie sous la Convention et théoriquement abolie par le Directoire, est officialisée par le Consulat et « perfectionnée » sous l'Empire. Elle n'épargne même pas les journaux favorables au pouvoir. Elle est à la fois préventive et répressive ; chaque journal a son censeur. Pour l'Empereur, il ne s'agit pas seulement d'interdire et de contrôler, il faut aussi que la presse soit son porte-voix. Ce sera le rôle du *Moniteur*. Cet organe, hier subventionné par le Comité de salut public, puis contrôlé par le Directoire, est mis dans la main de Bonaparte qui en revoit tous les textes importants. À partir de 1807, il est spécifié que les journaux et gazettes locaux devront tirer leurs informations exclusivement du *Moniteur*. Ce véritable « journal de l'Empire » sera également diffusé hors de France.

La même attitude vaut pour l'édition. Là aussi la censure, abolie en 1789, avait été rétablie en 1793. Bonaparte, dès son arrivée au pouvoir, impose à l'imprimerie et à la librairie une censure répressive inflexible. *Justine* de Sade, *Les Martyrs* de Chateaubriand, *De l'Allemagne* de Mme de Staël feront l'objet des plus célèbres interdictions. Un décret de 1810 précise qu'il « est défendu de rien imprimer et de faire imprimer qui puisse porter atteinte aux devoirs des sujets envers le souverain et à l'intérêt de l'État ». À l'instar des « sujets » – notons qu'on ne parle plus ici de citoyens –, les éditeurs, comme les journalistes, n'ont le choix qu'entre l'éloge ou le silence.

La propagande est là pour indiquer la voie. Bonaparte en a compris très tôt l'importance, en fait dès qu'il s'est posé la question de la conquête du pouvoir. Lors de la campagne d'Italie, en 1796, le jeune général utilise les bulletins de l'armée d'Italie et ses comptes rendus au Directoire comme autant de proclamations à sa gloire destinées à séduire l'opinion publique en France. Cela l'aidera à supplanter ses rivaux, autres généraux victorieux, notamment ceux de la campagne d'Allemagne prêts eux aussi à offrir leur personne, quand le Directoire aux abois et Sieyès rechercheront « une épée ».

Napoléon va aller plus loin que Bonaparte. Par tous les instruments à sa disposition – la presse, le livre, l'affiche, l'enseignement, l'Église, l'armée, les beaux-arts ou l'opéra – il se fait glorifier : il est l'héritier d'une Révolution qu'il a su clore, le rempart contre les Bourbons, l'homme providentiel garant de l'ordre en France, le héros de la « Grande Nation » vouée à la conquête. On attribue l'ascendant exercé par Napoléon sur le peuple à un charisme personnel et à une autorité naturelle. Ils sont réels. Mais on oublie que ce charisme est méthodiquement construit avec tous les moyens de l'époque. On est déjà dans la légende…

Le travail de glorification de Napoléon ne néglige ni l'enseignement ni les arts. Dans les lycées, les professeurs sont astreints à des obligations de fidélité à l'Empereur et à la monarchie impériale. On est loin du libre exercice de la raison prôné par les hommes des Lumières ! L'obéissance fait partie du statut des enseignants, et les plus importants d'entre eux doivent rester célibataires, comme si aucune vie de famille ne devait les distraire de leur mission qui est d'enseigner et de servir.

L'art aussi est enrôlé. L'Empire met de l'ordre dans les Salons de peinture, et l'Empereur fait savoir son désir de voir les artistes contribuer à la glorification du règne. En 1808, Napoléon vient au Salon et décore lui-même David et Gros, dont certaines des œuvres, il est vrai, l'ont bien servi. Dans la sculpture, les commandes officielles se multiplient et les artistes se plient au goût de Napoléon pour la grandeur et à sa préférence pour l'uniforme sur le nu.

L'Opéra n'est pas oublié. L'Empereur y fait des apparitions théâtrales. S'il s'y endort parfois, lui qui aime surtout, hors les marches militaires, la musique italienne, il apprécie qu'on le flatte et, à défaut, y veille. *Le Triomphe de Trajan*, de Lesueur, représenté en octobre 1807 avec un grand succès, est un hymne à l'Empereur tiré de l'histoire antique. Dans l'*Alceste* de Gluck, une scène à la gloire de la dynastie est ajoutée à sa demande.

Mais la gloire, l'autorité et la propagande ne suffisent pas. Le régime utilise systématiquement la police à des fins politiques. On a souvent associé à Fouché la création et l'expansion du système policier sous l'Empire. C'est mérité. Fouché, en 1793, s'était signalé à Lyon, avec Collot d'Herbois, comme représentant en mission de la Convention, en organisant des massacres, et il avait irrité Robespierre. Il se cache. Il fréquente les couloirs du Comité de salut public pour apporter des renseignements aux nouveaux amis que sont pour lui Barras, Tallien et Carnot, et contribue à la chute de Robespierre. Ce sera en quelque sorte son initiation policière. Inquiété (pour un curieux rapprochement avec Babeuf), amnistié après l'insurrection du 13 vendémiaire réprimée par le jeune général Bonaparte, Fouché rentre en grâce et est nommé ministre de la Police générale par le Directoire.

Napoléon Bonaparte, qu'il a aidé lors du coup d'État de brumaire, le conserve comme ministre de la Police sous le Consulat. Sa mission première est de surveiller l'opinion, grâce à la police politique. Il la perfectionne et se rend indispensable à Napoléon – qui pourtant se méfie de ses intrigues. Parfois démis, bientôt rétabli, il est, après la chute de l'Empire, fugitivement ministre de la Police aux Cent-Jours, puis l'est à nouveau, sous Louis XVIII. Il a incarné l'âme policière du régime impérial.

Mais ce recours à la police politique n'est pas propre à Fouché. Savary, à qui l'Empereur avait un temps confié le commandement de la gendarmerie d'élite, sa garde personnelle, et qui sera l'agent actif de l'exécution-assassinat du duc d'Enghien, agit pareillement. Il manifeste le même zèle que Fouché, dans un style moins oblique et plus brutal, quand il le remplace au ministère de la Police générale.

Napoléon Bonaparte partage leur inclination. Il est un lecteur attentif des bulletins de la police qui lui sont quotidiennement adressés par le ministre et qui montrent comment est assurée la surveillance de la vie politique et sociale. Il maintient la pratique, héritée de l'Ancien Régime, de ce qu'on a appelé le « Cabinet noir ». Ce véritable bureau de police politique, indépendant du ministère de la Police générale, est rattaché à la Poste. Son directeur général, totalement dévoué à l'Empereur dont il est le neveu, dirige personnellement cette officine qui pratique activement le viol des correspondances. Ce sera d'ailleurs un trait constant du courant bonapartiste de mêler le culte de la gloire et l'attrait pour les opérations de basse police. D'où la tradition de certains « cabinets noirs »…

Il ne faut naturellement pas se représenter le régime politique napoléonien sous son seul angle policier. Son assise sociale sera longtemps assurée et ses soutiens politiques seront nombreux tant que son chef apparaîtra comme un vainqueur.

Un césarisme surplombant des notables

L'abolition de la société d'ordres en 1789 et les bouleversements juridiques et sociaux introduits par la Révolution ont profondément modifié le paysage social en France. L'Empire va y inscrire sa marque.

Les paysans forment bien sûr la masse de la population. Ils nourrissent le pays et constitueront la base des armées napoléoniennes. Certains d'entre eux ont profité de la vente des biens nationaux. Et, partout, la passion des paysans pour la terre, favorisée par le morcellement de grandes propriétés nobiliaires ou d'Église, s'est enflammée. Pour le plus grand nombre, la situation n'a pas changé : la misère est présente avec ses cohortes de vagabonds et de mendiants.

Peu de transformations vont marquer l'agriculture sous l'Empire. Elles concernent moins l'outillage, qui reste rudimentaire, que l'usage de produits nouveaux, tels le maïs, la pomme de terre et la betterave. Contrairement à ce qui s'est passé en Angleterre, ne se produira pas en France, à cette époque, la « révolution agricole » qui prépare la « révolution industrielle ».

Les paysans apprécient, au moment du Consulat,

le retour à l'ordre et la baisse du brigandage dans les campagnes. Le Concordat, qui redonne une place à l'Église (sans la dîme), les apaise. Ils seront longtemps un soutien pour l'Empereur dont ils alimentent les armées. Le mécontentement surgira dans les dernières années de l'Empire, sans doute à cause de la rupture avec le pape, mais surtout en raison des défaites et de l'intensification des levées d'hommes qu'elles entraînent en 1812 et 1813. Les déserteurs et les réfractaires contribuent à une reprise du brigandage. La figure de l'Empereur perd de son éclat et devient controversée.

Les ouvriers sont peu nombreux à l'époque. Mais ils inquiètent car, concentrés dans certaines villes, notamment à Paris, ils ont pu participer, avec le peuple des faubourgs, aux mouvements révolutionnaires. La loi Le Chapelier (14 juin 1791), qui leur avait interdit le droit de coalition, avait, dès la Révolution, révélé la crainte que l'agitation ouvrière inspirait aux notables.

L'Empire va durcir la législation du travail. Le livret ouvrier, dont le titulaire ne doit pas se séparer, s'il se déplace – sous peine d'être accusé de vagabondage –, est rétabli. Le Code civil précise qu'en cas de litige sur les gages, « le maître est cru sur ses affirmations ». Les ouvriers sont soumis à leurs patrons.

En même temps, Napoléon prend ses précautions vis-à-vis de cette « classe dangereuse », dont il craint le tempérament. Dans la région de Paris en particulier, il veille à plusieurs reprises, y compris par des interventions personnelles, à ce que le prix du pain ne dépasse pas un certain niveau. Ces précautions, le fait que le chômage soit peu élevé et les salaires plutôt en hausse (en partie en raison des ponctions de travailleurs opérées pour la conscription) expliquent que, malgré une condition précaire et la surveillance de la police, les ouvriers ne sont pas hostiles à l'Empereur. Ils en deviendront presque nostalgiques sous la Restauration.

Est-ce à dire que Napoléon est proche du peuple, ainsi que le suggère le mythe bonapartiste ? On en voit peu de signes. On sait qu'il assimile volontiers les éléments les plus turbulents du peuple à « la canaille » ! La politique fiscale n'est pas favorable aux milieux populaires. La proportionnalité des impôts directs n'est pas améliorée. La part des contributions indirectes – qui rappellent les droits et taxes de l'Ancien Régime – est accrue. Cette iniquité fiscale permet de préserver la relative modicité des contributions des bourgeois et des propriétaires fonciers. On verra que la même inégalité marque la conscription. L'Empire n'est en rien un régime plébéien.

La base sociale et politique du régime est formée par la bourgeoisie à laquelle s'adjoignent deux catégories qui sont la marque spécifique de l'Empire : les militaires et les fonctionnaires. Les notables émanent de cette petite et moyenne bourgeoisie, souvent active sous la Révolution, enrichie grâce à l'achat de biens nationaux et qui, désormais assagie, entend profiter de ses biens ou les faire fructifier, à l'ombre de l'Empire. L'égalité juridique conquise sous la Révolution lui suffit, si elle lui permet d'être prospère.

L'Empire ménage les notables, y compris face au devoir patriotique. Acheter un meilleur numéro (qui éloigne le moment du départ à l'armée) ou, mieux encore, payer un remplaçant permet à ceux des fils des familles fortunées que ne séduit pas le patriotisme ou le prestige des armes de se dérober. La bourgeoisie est favorable à l'Empire parce qu'il a garanti ses conquêtes, lui assure l'ordre et la protège. Elle s'éloignera de lui, à partir de l'inquiétante guerre d'Espagne, de façon discrète, et accueillera sans mal les Bourbons. Cette base sociale, plutôt étroite, n'est donc pas un appui très ferme.

L'Empire a d'autres soutiens. Et d'abord la caste militaire que l'engagement courageux, le possible sacrifice de la vie distinguent des notables. Auréolés de gloire, recevant (pour les plus illustres d'entre eux) de considérables gratifications, les officiers jouissent d'un grand prestige sous l'Empire, particulièrement pendant sa phase ascendante. Ils seront naturellement tributaires de son sort. Alors que certains se rallieront à temps aux Bourbons, d'autres finiront demi-solde, amers ou, bientôt, porteurs de la légende napoléonienne.

L'autre couche sociale en développement est celle des fonctionnaires que la centralisation et la bureaucratisation de l'Empire vont multiplier. Ils n'achètent plus leurs charges, comme sous l'Ancien Régime. Ils ne sont plus élus, comme sous la Révolution. Ils sont nommés. Serviteurs de l'État, ils vont le renforcer et le moderniser. D'ailleurs, si certains seront épurés au moment de la Restauration, les plus nombreux continueront à servir sous cet autre régime.

La situation de la noblesse sous l'Empire est plus complexe. Napoléon veut réconcilier deux France, solder l'épisode révolutionnaire, unifier le sommet du corps social et consolider son pouvoir. Il va chercher à la fois à se rallier ce qui subsiste de l'ancienne noblesse (réduite par la Terreur et dispersée par l'émigration) et à en fonder une nouvelle, née de lui : la noblesse d'Empire.

En 1802, il est mis fin officiellement à l'émigration. La majeure partie des émigrés rentre en France et prête serment de loyauté. L'armée (où certains feront des carrières brillantes), l'Église, l'administration, la diplomatie et, pour les plus privilégiés comme les plus dociles, le Corps législatif et le Sénat les accueilleront. Les nobles ont perdu leurs privilèges mais ils retrouvent leur rang. Sauf s'ils s'opposent au régime bien sûr, car alors la réaction de Napoléon est rude.

Les nobles de l'Ancien Régime doivent supporter la formation à leurs côtés d'une nouvelle aristocratie dont la brève histoire est celle de l'Empire. En décernant des titres à des hommes, le plus souvent des soldats glorieux, issus de la moyenne bourgeoisie, voire du peuple, Napoléon veut récompenser des féaux, rapprocher l'ancienne aristocratie et celle qu'il crée pour consolider la « quatrième dynastie ». D'ailleurs, il donne des titres nouveaux à d'anciens nobles, ce qui, parfois, les exaspère ou les fait ironiser. Aussi ne peut-on dire que, sous l'Empire, l'amalgame entre les deux aristocraties se soit fait. Pour l'essentiel ce régime restera comme un césarisme surplombant des notables. Par ailleurs, s'il a eu ses soutiens, fervents ou opportunistes, l'Empereur a eu aussi ses opposants, même impuissants.

Des opposants jugulés

Dans un contexte global d'éradication de l'opposition – les Républicains étant réduits au silence – trois courants de dissension se manifesteront sous l'Empire : les idéologues, les libéraux et les contre-révolutionnaires. La réponse du pouvoir variera en intensité selon les formes de cette contestation.

Les idéologues – comme nous l'avons vu – sont avant tout des hommes de pensée. Hostiles à l'Ancien Régime, fidèles aux principes d'une révolution qu'ils auraient voulue modérée, ils sont avant tout des défenseurs de l'esprit des Lumières. Accueillis à Auteuil chez la veuve d'Helvétius ou réunis à l'Institut de France dont les plus connus (Cabanis, Volney, Laromiguière) sont membres, les idéologues expriment bientôt, à l'égard de l'Empire, de la mauvaise humeur.

Si Jean-Baptiste Say, un temps au Tribunat, y a voté contre l'établissement de l'Empire, l'opposition des idéologues n'est pas directement politique. D'ailleurs, ils sont hostiles à certains opposants à l'Empire : les tenants de la pensée contre-révolutionnaire. Ils regrettent la politique conciliatrice de Napoléon à l'égard de l'Église, car ce sont des rationalistes. Ils souhaiteraient un régime moins brutal et éclairé par eux. Ils ne pèseront pas. Napoléon les ménagera, s'irritera de ne pouvoir les rallier durablement, les humiliera en 1807, on l'a vu, en réunissant leur revue avec celle de leurs ennemis contre-révolutionnaires. Il ne les tiendra pas pour des adversaires inquiétants.

D'un autre tempérament sont les libéraux dont les figures de proue – Germaine de Staël, Benjamin Constant – sont plus connues. Leurs idées, moins abstraites et plus politiques, sont jugées dangereuses par le régime. Ils reprennent la revendication première de la Révolution avant le détour de la Terreur : la liberté. Les libéraux incarnent ce qu'aurait pu être un autre destin de la Révolution. Ils posent les bases de ce qui sera l'un des principaux courants politiques du XIXe siècle, le libéralisme. Ils esquissent donc, ne fût-ce qu'au plan des idées, une alternative au despotisme impérial.

Napoléon ne les sous-estime pas. Il entre dans son hostilité à Mme de Staël une part d'irritation à voir une femme revendiquer hautement son droit de penser, et de penser librement. Il mesure aussi l'influence dont elle dispose en Europe par son talent et ses relations. La séduction réciproque n'ayant pas opéré longtemps, Napoléon se montrera punitif en interdisant à la fille de Necker non seulement de vivre à Paris mais aussi la publication d'un livre majeur : *De l'Allemagne*. Exilée, opposante constante à l'Empire, elle accueillera sans enthousiasme le retour des Bourbons, ayant espéré, par exemple avec Bernadotte (qui reste en Suède), l'instauration d'une monarchie libérale héritière de la Révolution.

Benjamin Constant est l'autre figure marquante du libéralisme politique. Inquiet dès Brumaire, écarté en 1802 d'un Tribunat où l'on ne doit plus débattre, il va se consacrer à l'écriture d'ouvrages de philosophie politique dans lesquels la relation gouvernants-gouvernés n'est en rien celle unissant un chef charismatique à un peuple soumis. Alors qu'il a été hostile au régime napoléonien et à sa politique hégémonique, quand viennent les défaites et qu'est posée la question du sort de l'Empire, Benjamin Constant rêve d'une monarchie inspirée par le libéralisme et acclimatant en France le parlementarisme. Aux Cent-Jours, les Bourbons ayant fui, il prête foi à la proposition surprenante que lui fait Napoléon de rédiger un texte de Constitution d'inspiration libérale (!) qui deviendra l'Acte additionnel aux Constitutions de l'Empire. Waterloo exclura son application. Mais on peut sourire d'y voir une sorte de tardive victoire théorique, certes virtuelle, des libéraux sur le despote.

Le troisième courant d'opposition est celui des contre-révolutionnaires. Les formes de cette opposition sont contrastées. Chateaubriand, aristocrate fidèle aux Bourbons, marqué familialement par les violences de la Terreur et un temps exilé, est la grande figure de l'opposition littéraire. Sensible au Concordat, il est révolté par l'exécution du duc d'Enghien. Napoléon le surveille, ne supporte pas ses allusions au despotisme mais ne le frappe pas. Après la Restauration, qu'il approuve, la publication des *Mémoires d'outre-tombe* par le grand écrivain, avec leurs pages sévères et célèbres sur Napoléon – nuancées plus tard –, sonnera comme une revanche d'outre-Empire.

Plus politiques, et plus réactionnaires, sont les hommes qui, comme Bonald, collaborent au *Journal des débats*. Ils sont davantage hostiles à la Révolution qu'à l'Empire qui, au moins, aime l'ordre. L'autorité n'étant pour eux légitimée que par la religion, ils exècrent les idées des Lumières. Napoléon constate sans déplaisir qu'ils apprécient l'autorité et qu'ils approuvent les conquêtes de la France. Toutefois il sait que ces partisans de l'Ancien Régime sont des adversaires. Il ne les interdit pas mais les soumet à la censure, puis confisque leur journal, en 1811.

Si des opposants du courant contre-révolutionnaire se font violents, la réaction du pouvoir est impitoyable. En 1800, sous le Consulat, les auteurs de l'attentat dit de « la machine infernale » sont évidemment guillotinés. En 1803, une nouvelle tentative d'assassinat contre le Premier consul, celle prêtée à Cadoudal, le chef chouan, entraîne son exécution et celle de ses complices. Surtout, elle sert de prétexte à l'enlèvement à l'étranger du duc d'Enghien, dernier descendant de la maison de Condé, qui avait conduit un temps l'armée des immigrés mais n'était en rien partie prenante dans l'affaire en cause. Son exécution, qui choque beaucoup, est sans doute destinée à montrer aux royalistes que le régime sera implacable pour tous ceux qui le menaceront physiquement. Il en ira de même, en 1812, pour la conspiration avortée du général Malet, pendant la retraite de Russie, d'une autre inspiration politique.

Finalement, hors les résistances à l'étranger, les oppositions intérieures sont faibles. Le régime est globalement accepté, la police est efficace et la répression sévère. Même les chouans devront pratiquement désarmer. Si leur agitation reprend à la fin, de même que se multiplient à l'Ouest les désertions, c'est face aux massives convocations de conscrits dans l'Empire frappé par les défaites. L'Empire victorieux ne souffre pas la contestation, l'Empereur vaincu découvrira l'abandon. Il avait pourtant tout fait pour s'attacher des fidèles.

Les prébendiers

Napoléon n'appuie pas seulement son régime sur ses victoires, sa popularité, la force de l'État et la police. Il cherche aussi à se gagner des fidèles en distribuant des prébendes. Sans doute était-il dans les habitudes du temps que le pouvoir s'accompagnât de gratifications. Mais la Révolution, dans sa première étape, avait paru vouloir rompre avec les mœurs d'Ancien Régime. Il a fallu le Directoire, fort corrompu, pour faire la transition. En tout cas, l'Empereur, qui aime afficher son esprit d'économie et se montre exigeant pour le service de l'État, pousse, contradictoirement, jusqu'à l'extrême le système des prébendes. Les conquêtes l'aident.

Cela intéresse d'abord sa famille et son clan. Élisa Bonaparte, l'aînée des sœurs, peut vivre grand train à Paris, après Brumaire. Elle recevra la principauté de Lucques, puis le grand-duché de Toscane, rassemblant sa cour au palais Pitti à Florence. Eugène de Beauharnais, fils de Joséphine, est comblé de titres et se trouve à la tête d'une fortune à vingt-trois ans. Jérôme Bonaparte, le dernier enfant, dissipé et dispendieux, doté d'un « royaume » de Westphalie qu'il abandonne, est couvert d'honneurs et d'argent. Joseph Bonaparte, le frère aîné, reçoit la couronne de Naples, puis se résigne à occuper le trône d'Espagne. Joséphine de Beauharnais, la première impératrice, est traitée royalement, conformément à son rang, y compris après le divorce. Letizia Bonaparte, « Madame Mère », réaliste et parcimonieuse, ne boude pas pour autant des revenus importants. Louis Bonaparte, troisième frère, écrasé par la personnalité de Napoléon, est fait roi de Hollande. Seul Lucien Bonaparte, le plus politique, qui joua un rôle décisif dans le succès du 18-Brumaire par son sang-froid contrastant avec l'émotivité de son frère, sera moins choyé, ses critiques poussant Napoléon à rompre avec lui.

Pour les gratifications et les titres, les grands dignitaires viennent tout de suite après la famille. Cambacérès, Talleyrand et Fouché, compagnons de Brumaire, avaient témoigné très tôt de leur capacité à assurer eux-mêmes leur fortune, par des spéculations et des acquisitions opportunes. Devenu le numéro deux théorique de l'Empire, Cambacérès, l'archichancelier reçoit des émoluments considérables et aussi, de temps à autre, de copieuses gratifications données de la main à la main par l'Empereur. Talleyrand, dont la cupidité destinée à tenir magnifiquement son rang est sans frein, est également très bien servi. Fouché, enfin, fait duc d'Otrante, peut prospérer plus à son aise encore dans les périodes où il est aux affaires.

Troisième catégorie de prébendiers : les grands maréchaux ou généraux d'Empire. Napoléon tient à s'assurer de leur fidélité sans faille. Beaucoup sont depuis le début ses compagnons d'armes. Les titres, les gratifications de terres et les riches émoluments les combleront. Surtout, ils ont été invités à s'enrichir de leurs conquêtes. Dans sa célèbre déclaration du 27 mars 1796, le jeune chef de guerre de l'armée d'Italie avait dit à ses soldats : « Je veux vous conduire dans les plaines les plus fertiles du monde. De riches provinces, de grandes villes seront en votre pouvoir. Vous y trouverez honneur, gloire et richesses. » C'était une véritable invitation au pillage !

Ainsi, au classement des chefs militaires en fonction de leur bravoure, de leur habileté au combat ou de leurs hauts faits pourrait s'ajouter une autre hiérarchie, celle de leurs pillages. Si Suchet et Davout furent sans doute à la fois les meilleurs soldats et les plus honnêtes, Soult et Masséna furent parmi les plus discutés et les plus corrompus.

Bien que la nature despotique et prébendière du régime napoléonien ne puisse être occultée, la place de Napoléon ne doit pas, bien sûr, être réduite à cette dimension. Au pouvoir pendant quinze ans, conduit par l'obsession de marquer l'histoire, dirigeant le pays dans une période cruciale où se refroidissait la lave révolutionnaire, doté d'un esprit aussi normatif que son tempérament était tranchant, Napoléon a imprimé sa marque sur la France.

La marque napoléonienne sur la France

Napoléon n'a pas pérennisé un système politique : son régime ne lui a pas survécu. Mais, outre le Code civil, qui est l'apport le plus important de cette période, nombreuses apparaissent encore les survivances de son action dans le paysage institutionnel et administratif français.

Bonaparte n'est pas un soldat de fortune. Il est imprégné de culture latine : l'Empire romain est pour lui une référence puissante. Il a lu Voltaire et Rousseau. L'esprit des Lumières, en tout cas le goût de la rationalité scientifique, l'inspire. Il apprécie et fréquente les savants comme les livres : on ne va jamais à l'Institut sans raison… L'ambition qu'avait eue la Révolution de bouleverser le droit et de le refonder trouve chez lui un écho. À condition d'être le refondateur.

Nous avons parfois du mal à distinguer ce qui, dans nos institutions ou nos normes de droit, vient de l'Ancien Régime (revisité), de la Révolution, du Consulat ou de l'Empire. Le Code civil, destiné à régir l'ensemble des relations privées entre les Français, appelé le Code Napoléon, mérite bien son nom. Non qu'il ne soit une synthèse. Mais ce mélange de coutumes de l'Ancien Régime, de droit romain et de droit révolutionnaire est dosé par le Premier consul. Celui-ci préside souvent les séances du Conseil d'État qui examine les avant-projets. Il passe outre les critiques formulées par le Tribunat – qui trouve le projet trop conservateur – et pèse toujours dans le sens du primat de l'autorité.

C'est particulièrement clair dans la conception de la famille. La Révolution entendait la transformer. Elle est rétablie dans sa configuration traditionnelle : autorité des parents sur les enfants (jusqu'à vingt-cinq ans), suprématie du mari sur l'épouse. Cette phrase de Bonaparte résume ainsi l'esprit du Code : « Il faut que la femme sache qu'en sortant de la tutelle de sa famille, elle passe sous la tutelle de son mari. » Ni dans l'administration des biens communs ni dans les conséquences à tirer d'une infidélité, la femme n'est mise sur le même pied que l'homme. Par ailleurs, l'accès au divorce est restreint. Les enfants naturels sont sans droits. Cette conception de la famille, rétrograde par rapport à celle qu'esquissait la Révolution, prévaudra longtemps.

D'ailleurs, si la femme est une mineure dans le Code civil, elle l'est aussi, pour l'Empereur, dans la société ou dans la sphère de l'esprit. Les filles et les femmes n'auront pas accès au lycée et à l'université sous l'Empire. Aucune femme ne sera jugée digne de recevoir la Légion d'honneur. Sans doute n'y pensa-t-on même pas, alors qu'on ouvrait des maisons pour l'éducation des filles de légionnaires.

Dans le Code civil, le droit de propriété, ce « droit inviolable et sacré » aux yeux des rédacteurs de la Déclaration des droits de l'homme, est réaffirmé « de la manière la plus absolue ». Pérenniser cet acquis de la Révolution est un impératif pour Napoléon et la condition du soutien – au moins passif – que lui accordera la classe bourgeoise qui s'affirme. Si les besoins de l'État, le souci de l'intérêt général et l'influence des idées socialistes ont conduit beaucoup plus tard à réformer la conception du droit de propriété, notons que l'article 544 du Code civil, qui le définit, n'a jamais été révisé depuis 1804 !

De la même manière, les codes de procédure civile

(1806), de commerce (1807), d'instruction criminelle (1801-1808) et le Code pénal (1810) témoignent de la passion codificatrice de Napoléon et de ceux qui l'ont secondé, Portalis et Cambacérès notamment.

Les apports durables du Consulat et de l'Empire ne se limitent pas à ces réglementations. C'est de cette époque que date la mise en place d'une fonction publique stable fondée sur la nomination et le principe du pouvoir hiérarchique. La compétence commence à prendre le pas sur la faveur, dominante sous l'Ancien Régime, et sur l'élection, qui prévaut pendant la Révolution. La centralisation, le respect de la discipline, la lutte contre l'absentéisme, le versement régulier des salaires, un statut social envié, ainsi s'esquissent bien des traits de la haute fonction publique française et du monde des fonctionnaires.

Ce sont les mêmes principes qui prévalent pour d'importantes institutions. Le Conseil d'État est créé au début du Consulat. S'il fait écho à l'ancien Conseil du roi, il devient une institution nouvelle sous l'autorité directe de Napoléon. Son rôle dans la rédaction des projets de loi et dans la résolution des litiges administratifs, sa capacité à attirer de très bons éléments vers le service de l'État préfigurent ce que sera ce corps, à certaines réformes près, dans l'histoire administrative de notre pays.

La reconstruction du système judiciaire sera également durable. Ainsi survivra en France la règle, adaptée de l'Ancien Régime, d'une séparation de la juridiction administrative (surplombée par le Conseil d'État) et des tribunaux civils (avec les cours d'appel et au-dessus d'elles la Cour de cassation). Il faudra attendre la fin du Second Empire et l'abandon explicite de la thèse de la

« justice retenue » (l'Empereur, comme le roi, « juge en son conseil », en l'espèce, le Conseil d'État) pour que le principe d'une juridiction administrative indépendante du pouvoir politique soit pleinement affirmé.

L'organisation de la justice ordinaire, avec la distinction du civil et du pénal, s'est aussi maintenue. Si le Premier consul se résigne aux jurys populaires – la Révolution avait voulu que la justice soit rendue au nom du peuple –, ceux-ci sont placés sous le contrôle étroit des préfets qui choisissent leurs membres et veillent à les prendre parmi les notables. En outre, après 1807, il est précisé qu'en cas de désaccord entre la Cour de cassation et les juges du siège, la loi étant estimée obscure, il revient au chef de l'État de l'interpréter avec l'aide du Conseil d'État. Du bas (les jurys) jusqu'en haut (la Cour de cassation), la justice est surveillée. Elle n'est pas indépendante et elle est dure, ce qui convient à l'ordre existant. Notons que la justice anglaise, dont l'organisation était fort différente et reposait sur les seuls tribunaux civils, est alors tout aussi implacable. Dickens nous le rappelle comme l'a fait Victor Hugo pour la France. Quant à l'indépendance de la justice, elle sera conquise plus tard en France, même si le pouvoir politique peine encore parfois à la souffrir…

La mise en place des Conseils de prud'hommes (pour les litiges sur le travail), la création des lycées et de l'université (avec, pour les encadrer, les recteurs et les inspecteurs d'académie), voilà d'autres exemples encore d'institutions créées par Napoléon Bonaparte et qui demeurent aujourd'hui, même si elles ont profondément changé de nature.

S'appuyant sur un pouvoir fort, ayant doté la France d'institutions stables aptes à donner des impulsions décisives, Napoléon aurait pu contribuer fortement au développement économique de la France, lors des quinze années de son pouvoir. Constatons que cela n'a pas été son souci principal.

L'absence de révolution industrielle

On sait que la première révolution industrielle a été plus tardive en France (où elle commencera à partir de 1830) qu'en Angleterre (où elle s'amorce dès la fin du XVIIIe siècle). Ce décalage a résulté de processus (accumulation primitive de capital, révolution dans les méthodes agricoles, concentration des terres, exode rural vers les villes, progrès des techniques) qui étaient engagés différemment dans les deux pays, et cela avant l'arrivée au pouvoir du Premier consul. Cependant, si Napoléon, en quinze ans, ne contribue pas décisivement au développement économique de la France, c'est parce que sa première préoccupation n'est pas l'économie mais la guerre.

Le Consulat et l'Empire connaissent plusieurs crises économiques (1802-1803, 1805, 1807, 1810, 1811, 1814). Certaines, celles de 1802-1803 ou de 1811, naissent d'une mauvaise récolte et sont donc classiques pour l'époque. D'autres, comme celles de 1805 ou de 1814, proviennent d'incertitudes sur le sort du régime. Une autre, encore, comme celle de 1810, est générale et affecte toute l'Europe. Mais la spécificité de la période impériale est qu'elle voit la France vivre presque constamment en économie de guerre. Après la rupture de la paix d'Amiens en mai 1803 s'installe un climat de déflation économique permanent : trop de ressources sont détournées vers les armées, même si celles-ci sont invitées à se payer sur les vaincus.

Le Consulat est à juste titre crédité d'avoir rétabli une certaine stabilité monétaire, après les désordres financiers de la fin de l'Ancien Régime et de la Révolution. On sait que le franc germinal (7 avril 1803), défini par un poids fixe d'argent, restera valide jusqu'en 1928... où le franc Poincaré lui succédera. Napoléon se préoccupe effectivement de la remise en ordre des Finances publiques. Il est secondé par Gaudin, un efficace et fort « dévoué » ministre des Finances (puisque après avoir été formé sous l'Ancien Régime et avoir servi l'Empire, il sera gouverneur de la Banque de France de 1820 à 1834). Mais cet effort est contrarié par la ponction des dépenses militaires sur les ressources globales. Notons aussi que l'hostilité absolue de Napoléon au crédit, résultant sans doute autant de son goût personnel pour l'économie que de son souvenir funeste des assignats, freinera l'adoption par la France des mécanismes du crédit qu'utilisera si bien l'Angleterre. Les marchands et les banquiers de l'autre côté de la Manche l'emporteront sur les guerriers et les propriétaires fonciers du continent.

Quant à l'impact de l'Empire sur l'industrie, il est contrasté. Paradoxalement, l'industrie d'armement ne se développe guère, parce qu'on pille les arsenaux ennemis. Les industries sidérurgique et métallurgique ne bénéficient pas de grandes transformations. Par contre, l'industrie chimique, grâce à la contribution de Chaptal, et l'industrie textile – qui, elle, profite du Blocus continental pour conquérir des marchés extérieurs – connaissent un bel essor accompagné de progrès techniques.

Pour autant, la période napoléonienne n'est pas globalement celle d'un élan des techniques novatrices. L'Empereur semble plus s'intéresser aux sciences qu'au innovations, dans le domaine civil aussi bien que militaire. Si Napoléon a voulu développer les canaux et surtout les routes, en particulier stratégiques, il ne cherche pas à tirer profit des inventions nouvelles, tels la machine à vapeur, la roue à aubes ou le rail (qui commence à servir pour la traction animale), alors qu'elles sont déjà disponibles.

La décision économique la plus lourde arrêtée par l'Empereur est naturellement l'instauration du Blocus continental. Quelles en sont les conséquences ? Pour l'Europe continentale, elles sont à coup sûr négatives. La Hollande, les pays du Nord, les États allemands ou italiens, le Portugal et même la Russie voient s'interrompre ou s'affaiblir des courants d'échange traditionnels avec de durs effets sur leur économie et leurs populations. Ils y répondent par la fraude et la contrebande.

Pour la France, les conséquences économiques sont plus ambivalentes : le protectionnisme aidant, le secteur des textiles prospère ; mais les ports sont affectés par les rétorsions anglaises. Les pays qui ne peuvent plus vendre à l'Angleterre n'ont pas non plus les moyens d'acheter à la France. Sur le continent, chacun est perdant. En outre, l'impact politique en Europe des mesures imposées par l'Empereur est détestable pour la France.

Pour l'Angleterre, qui était la cible du blocus et devait être, sinon réduite à *quia*, en tout cas durablement affaiblie, l'issue sera positive. Elle souffre, puis s'adapte et accentue à la fin son avance sur l'Europe du continent. De ce point de vue, la politique napoléonienne est un échec.

Plus nuancé est le jugement qu'on peut porter sur la politique religieuse. Bonaparte avait eu une intuition appropriée ; Napoléon la contredit.

Un compromis religieux gâché

Napoléon Bonaparte aborde les questions religieuses avec réalisme. Il pense que la parole des Églises peut être utile contre les superstitions qui traversent les campagnes françaises à son époque. Il sait aussi que les religions sont facteurs d'ordre. Il n'épouse pas l'esprit anticlérical de la Révolution, lequel imprègne encore certains des cercles du pouvoir.

Son action est positive pour les protestants, qui n'étaient pas traités avec équité sous l'Ancien Régime. La liberté des cultes ayant été proclamée dès 1789, le Premier consul estime sans doute que l'affirmation des religions minoritaires aidera à limiter l'influence de la religion dominante. Après une tentative rejetée d'unifier d'autorité calvinistes et luthériens, l'organisation, en 1802, de ces cultes en synodes d'arrondissement est bien acceptée par les protestants. Ceux-ci se sentent intégrés dans la communauté nationale.

Plus circonspecte mais ouverte est la politique de Napoléon à l'égard des juifs. Grâce à l'engagement de l'abbé Grégoire, la Révolution française avait émancipé les juifs. Sous le Directoire, ils le sont également dans les territoires occupés par les armées françaises, ainsi sur la rive gauche du Rhin. C'est une attitude toute nouvelle en Europe.

Sous l'Empire, Napoléon décide de s'intéresser véritablement au statut des juifs et à l'organisation de leur culte, en France comme dans les territoires conquis. En 1806, il décide la convocation d'un Grand Sanhédrin – en référence à une antique institution religieuse et politique juive de Palestine. Celui-ci est destiné, selon le gouvernement, à donner des réponses aux questions qu'il se pose sur la volonté des juifs de faire partie de la communauté nationale et, ailleurs, de se comporter en bons sujets de l'Empire.

Le Grand Sanhédrin donne, en 1807, des réponses positives aux questions posées. En 1808, des décrets organisent le culte juif en consistoires, Paris disposant d'un consistoire central. Certes, le texte intitulé « La Réforme sociale des juifs » qui, sous prétexte de réglementer l'usure, autorise à annuler ou à réduire les dettes existantes à l'égard des juifs est à juste titre l'objet de protestations de leur part. Mais les juifs comme les protestants se jugent plutôt bien traités par Napoléon.

Naturellement, pour Napoléon Bonaparte, l'attitude des catholiques et de leur Église à l'égard de son pouvoir est la grande affaire. La religion catholique est largement majoritaire chez les Français, et l'Église – même affaiblie par la Révolution – reste une puissance. Or Bonaparte entend bien poursuivre sa politique italienne interventionniste, ce qui pose inévitablement la question des rapports avec le pape.

Les données de départ sont complexes. Le pape Pie VI avait condamné la Constitution civile du clergé en 1791 et avait, en tant que chef d'État, rejoint la coalition contre la France en 1793. Le général Bonaparte, lui, avait conduit en Italie l'offensive du Directoire. Les autorités françaises avaient même enlevé le pape qui, ne supportant pas le voyage, était mort à Valence en 1799. Un nouveau pape, Pie VII, avait été élu.

Le Premier consul décide d'engager une politique nouvelle à l'égard de l'Église. Il entend régler la question religieuse qui divise le pays, réconcilier les deux France et pacifier la Bretagne et la Vendée. Il veut aussi apaiser l'Italie et l'Espagne catholiques. Une négociation est engagée avec le nouveau pape qui semble plus ouvert que son prédécesseur. La recherche du compromis, qui suppose que l'Église se dégage, du moins en France, de ses allégeances politiques, est malaisée. Malaisée parce que se font face le clergé constitutionnel et l'Église réfractaire. Malaisée aussi, en raison des approches très différentes des deux principaux acteurs. Le Premier consul aborde la discussion en homme de pouvoir : il veut l'acceptation par Rome de la vente des biens d'Église et le renouvellement complet de l'épiscopat en France. Le pape se comporte en chef d'une Église qui entend voir son autorité spirituelle pleinement respectée et la liberté religieuse reconnue.

Le Concordat, qui fonde le compromis, est signé le 15 juillet 1801. Il marque la reconnaissance par la République – à l'époque, elle existe encore – de la pluralité des religions et de l'entente entre l'Église et l'État. Les évêques sont investis par le pape mais sont nommés par le gouvernement. Un nouveau serment est instauré. Les séminaires et les chapitres sont restaurés.

À Rome, les cardinaux s'inquiètent ; à Paris les corps constitués renâclent. Bonaparte doit épurer le Corps législatif et imposer sa volonté. Dans les campagnes françaises, on est satisfait. Pour Pâques, le Premier consul se rend à Notre-Dame, dans un geste symbolique éclatant. L'application du Concordat est difficile, tant a été profonde la séparation entre les évêques jureurs et les réfractaires. Mais l'intuition de Bonaparte se vérifie :

l'apaisement de la querelle religieuse aide à répandre la paix civile. Le pays retrouve sur ce point de l'unité.

L'organisation de l'Église vue par le Premier consul est à l'image de celle qu'il conçoit pour le pouvoir politique et administratif : autorité, hiérarchie, docilité sont les maîtres mots. L'Église qui retrouve sa place est sans épiscopat. Bonaparte n'apprécie en effet pas plus les assemblées religieuses que les assemblées civiles. Les lieux où l'on débat peuvent être, selon lui, source de désordre, voire d'opposition. La carte des diocèses est fortement resserrée. Bonaparte entend que tous les évêques issus du Concordat recevant l'investiture du pape soient nommés par lui. L'Église devra accepter d'être intégrée dans un système administratif centralisé. Le catéchisme impérial, qui prêche la soumission à l'Empereur, en est le symbole. En contrepartie, l'évêque dispose d'une autorité absolue dans la sphère spirituelle et dans l'action pastorale. Chacun y trouve donc son compte, dans le prolongement d'une certaine tradition gallicane.

Or Napoléon, dans un mouvement de contradiction que l'on retrouvera ailleurs chez lui et qui est ici presque caricatural, va lui-même compromettre le compromis qu'il a conçu et défaire ce qu'il a fait. L'Empereur entre en conflit avec le pape. Le souverain pontife est pourtant une personnalité aimable et peu tentée par l'antagonisme, en tout cas dans la sphère politique. En 1797, il avait considéré que « le régime démocratique » n'était pas contraire à l'Évangile. Il avait accepté le Concordat. Prenant acte de la puissance temporelle de Napoléon Iᵉʳ, il avait consenti le geste fort de venir à Paris sacrer lui-même l'Empereur le 2 décembre 1804. Cet homme d'Église est ouvert aux évolutions de son temps. Logiquement, la distinction classique du temporel et du spirituel devrait préserver le terrain d'entente entre les deux hommes. Il serait cohérent que soit prolongé le *modus vivendi* qui a été trouvé entre la France postrévolutionnaire et Rome.

C'est compter sans la volonté de puissance de Napoléon. Son ambition extérieure va heurter de front son dessein intérieur. L'Empereur veut que les États pontificaux, comme toute l'Italie, participent au blocus contre l'Angleterre. Le pape refuse et réaffirme son pouvoir temporel sur ses États, ce que Napoléon conteste. S'ensuivront l'occupation de Rome (en 1808), l'annexion des États pontificaux (en 1809) et, comme sous le Directoire, l'enlèvement du pape détenu d'abord à Savone, puis en France, à Fontainebleau.

Le pape répond en utilisant ses armes religieuses : la non-investiture des évêques et même l'excommunication. C'est l'épreuve de force. Napoléon compte faire céder le pape mais celui-ci refuse toute négociation, tant qu'il est prisonnier. Le pontife, qui s'était montré capable de transiger, se révèle inflexible sur ce qui est pour lui essentiel : son autorité spirituelle sur l'Église, son pouvoir temporel dans ses États.

Du coup, en France, le conflit religieux repart. La grande majorité des évêques approuve le pape. Les campagnes sont désorientées et déçues. Les notables s'inquiètent. Après les défaites militaires de la fin de l'Empire, c'est Napoléon qui devra céder. Le pape est libéré et, en mars 1814, ordre est donné de le ramener à Rome.

La politique religieuse de Napoléon Bonaparte est ainsi marquée par un double paradoxe. Sous l'Empire, elle se solde par un échec, puisque l'Empereur a imprudemment compromis ce qu'avait intelligemment conçu le Premier consul. Au-delà de l'Empire, l'inspiration du Concordat survivra et son architecture, finalement non modifiée à la Restauration, durera jusqu'aux lois de séparation de l'Église et de l'État (en 1905). Elle prévaudra en Alsace-Lorraine après 1918. Le Concordat fut en tout cas, en son temps, l'une des façons pour Napoléon de clore la Révolution.

« La Révolution est finie »

La dictature napoléonienne a été le fruit improbable de la Révolution. Peu de gens à l'époque pouvaient s'attendre à ce qu'une révolution placée sous le signe de la liberté et conduite contre l'absolutisme par les éléments les plus déterminés d'une bourgeoisie qui aspirait à exercer les responsabilités politiques débouchât sur un régime qui bridait les libertés individuelles et dans lequel le pouvoir était confisqué par un général. Pourtant, le Directoire n'aura été qu'une transition instable entre une dictature civile, celle du Comité de salut public, née des urgences de la Révolution, et une dictature militaire qui en signifiait l'épuisement. D'où la formule de Bonaparte : « La Révolution est finie. »

Napoléon ne se contente pas d'abolir le calendrier révolutionnaire (en septembre 1805), ce dont on peut lui savoir gré. Par son surgissement dans notre histoire, il empêche que puisse s'accomplir la fin la plus logique de la Révolution : un régime de notables, libéral, de caractère parlementaire, républicain sans doute, monarchiste peut-être, et autorisant des évolutions démocratiques ultérieures, en attendant que naisse la question sociale.

Napoléon est ambivalent dans son rapport à la Révolution. Il en a éprouvé la force, a été proche de certains Jacobins et a écrasé l'insurrection royaliste de Vendémiaire ; il sait que beaucoup de ses soldats sont encore portés par l'élan révolutionnaire face aux troupes, souvent mercenaires, de l'ennemi ; il a une claire conscience des nouveaux rapports de force instaurés dans la société. Il ne néglige donc pas ce que les acquis de la Révolution représentent pour les soutiens de son régime.

En même temps, il veut que la Révolution soit terminée, en bas comme en haut de la société. En bas, parce qu'il se méfie de la force irruptive de ceux qu'il appelait « la canaille ». Quand il s'installe aux Tuileries, l'ancien palais des rois, en février 1800, le Premier consul fait effacer tous les signes et symboles laissés sur place par les journées révolutionnaires. En haut, parce qu'il refuse l'esprit de libre discussion qui est dans la logique des assemblées délibératives. Cette forme d'antiparlementarisme avant la lettre – puisqu'elle est antérieure au parlementarisme lui-même – restera ensuite une constante des bonapartismes.

La référence à la Révolution peut parfois servir Napoléon dans ses guerres contre les rois et les princes étrangers – hors des périodes où il recherche avec eux des alliances dynastiques – mais il en use peu en France. Si la Révolution est juridiquement et socialement irréversible, elle est pour lui politiquement finie. Il instaure rapidement une commune distance avec la république, en France comme régime, en Europe comme idée.

La République effacée

En France, le passage de la république à l'Empire se fait par glissements constitutionnels successifs. Avec la Constitution de l'an VIII (1799), celle qui instaure le Consulat, on est dans la filiation républicaine. L'article 1er affirme : « La République française est une et indivisible » – formule qui est encore présente dans notre Constitution aujourd'hui. L'esprit du régime est peu démocratique, puisque la plus importante des trois chambres, le Sénat conservateur, est composée de membres inamovibles, cooptés ou nommés. L'inspiration est celle du pouvoir personnel, puisque l'essentiel du pouvoir exécutif va au Premier consul, les deux autres consuls n'ayant qu'un rôle consultatif. Mais la référence à la république subsiste.

Avec la Constitution de l'an X (août 1802), la marque républicaine est toujours là. Car le but est, dans un tour de passe-passe sanctionné par un plébiscite, de faire de Napoléon Bonaparte, assuré d'une durée de mandat deux fois décennale, un consul à vie. Ses pouvoirs, déjà considérables, sont puissamment renforcés. Il peut nommer des fournées de sénateurs et il a la prérogative exclusive de saisir le Sénat. La république est devenue personnelle.

Avec la Constitution de l'an XII (18 mai 1804), celle du passage à l'Empire, la référence à la république devient extravagante. L'article 1er indique : « Le gouvernement de la République est confié à un Empereur qui prend le titre d'Empereur des Français. » L'article 2 précise : « Napoléon Bonaparte [...] est Empereur des Français. » Comme le principe de l'hérédité impériale est en même temps ratifié par un plébis-cite (3 500 000 personnes répondant *oui*), le régime a en réalité changé de nature. La république autoritaire élective est devenue un Empire héréditaire. À partir de là, les références à la république se feront de plus en plus rares dans les textes officiels et dans les pro-clamations de l'Empereur.

Hors de France, l'idée républicaine est clairement écartée. En premier lieu, Napoléon Bonaparte n'envisage pas de donner corps à la politique d'établissement de « Républiques-sœurs » proclamée par la Révolution ni d'abattre des pouvoirs monarchiques. Le cas du Piémont est ainsi exemplaire. Dans cette partie essentielle du royaume de Piémont-Sardaigne, une révolution s'était produite. Les patriotes piémontais, dans un pays enjeu des combats entre les troupes françaises et autrichiennes, avaient espéré voir naître, après les victoires de Bona-parte, une République-sœur piémontaise préparant une République italienne. En fait, le Piémont est annexé à la France en 1802. Quant à l'éphémère République ionienne, en Grèce, née en 1800, elle n'est pas sauvée par l'Empereur en qui elle avait cru trouver, contre les Turcs, un libérateur. Il est vrai que, après la proclama-tion de l'Empire en France, une telle politique serait paradoxale.

Cependant, des Républiques existent déjà en Europe, que la France pourrait aider ou préserver. Elle ne le fera pas. La République oligarchique de Gênes est réunie à l'Empire français en 1805. La République patricienne de Genève ayant été liquidée par le Directoire, Bonaparte maintient le nouveau département du Léman dans le cadre français. Il ne respecte pas davantage Venise, la doyenne des Républiques aristocratiques qui est offerte à l'Autriche dès 1797 par le général de l'armée d'Italie après Marengo, en compensation d'autres pertes et en contradiction avec les instructions du Directoire. La République hollandaise a fait une révolution contre le stadhouder juste avant 1789 et a été « libérée » par les armées françaises en 1794. Devenue la première des Républiques-sœurs, elle se voudrait l'amie de la France. Elle se verra donner un roi, Louis Bonaparte, en 1806. L'effacement de la République et de ses principes va également prévaloir outre-mer.

L'esclavage rétabli

À Saint-Domingue, la « perle des Antilles », la plus riche et la plus marquante des possessions françaises, un coup de tonnerre éclate en août 1791, comme un écho au message de liberté et d'égalité de la Révolution française qui a ému l'île : les Noirs se révoltent contre leur condition d'esclaves. Une guerre civile où s'affrontent Noirs, Métis et Blancs s'ensuit, qu'aggravent les interventions armées de l'Espagne et de l'Angleterre.

La question du maintien du système inhumain de la traite des Noirs et de l'esclavage était débattue à la fin du XVIIIe siècle, en particulier en France, en Angleterre et dans la jeune République américaine. À Paris, l'abbé Grégoire avait sensibilisé l'Assemblée nationale à la question des droits des « gens de couleur » et des « sang-mêlé ».

La révolte de Saint-Domingue pose soudain le problème de façon aiguë et urgente. Devant la puissance du mouvement, les commissaires de la République à Saint-Domingue proclament, les 27 et 29 août 1793, l'abolition de l'esclavage dans l'île. La Convention, à Paris, approuve et étend cette mesure à l'ensemble des possessions françaises par le décret du 16 pluviôse an II (4 février 1794).

À Saint-Domingue, l'armée indigène qui s'est constituée sous l'autorité notamment de Toussaint Louverture se rallie à la République et entend combattre les ennemis intérieurs (« les grands Blancs ») et extérieurs (l'Espagne et l'Angleterre) de la Révolution. L'île est libérée des Anglais. La partie espagnole est occupée. Sous l'emprise de Toussaint Louverture, un certain ordre s'installe.

Quand le Premier consul prend le pouvoir en France, un choix s'offre à lui. Il peut confirmer l'abolition de l'esclavage, accepter les bouleversements sociaux en cours et chercher un accord avec Toussaint Louverture : celui-ci est l'allié de la France mais il est à l'évidence animé par un désir d'émancipation et la volonté d'affirmer son autorité. Bonaparte peut au contraire chercher à restaurer l'ordre ancien : rétablissement de l'économie de plantation esclavagiste, réaffirmation de la suprématie des grands planteurs, retour au statut colonial.

Influencé en partie par l'entourage de sa femme, créole, irrité par l'idée de n'être pas obéi, après une vaine tentative de composer avec Toussaint Louverture, Bonaparte fait le second choix. En 1801, il envoie son beau-frère, le général Leclerc, rétablir la situation à la tête d'un corps expéditionnaire. Toussaint Louverture est vaincu en 1802, fait sa soumission, est arrêté et transféré en métropole où, mal traité, il meurt l'année suivante. Cette mauvaise partie paraît gagnée.

Mais tout se retourne. La fièvre jaune ravage l'armée française. Le rétablissement de l'esclavage et la tentative de désarmement des cultivateurs noirs à Saint-Domingue font flamber à nouveau l'insurrection. Leclerc est battu puis meurt. Dessalines et les autres généraux noirs proclament, le 1er janvier 1804, l'indépendance de Saint-Domingue et la République d'Haïti. Parallèlement, après la rupture de la paix d'Amiens, une escadre anglaise bloque l'île, dont la France est désormais coupée.

La politique napoléonienne subit un échec complet : l'ordre économique et social ancien n'est pas restauré, Haïti s'est séparée d'une France qui la combat, l'île réoccupée en partie par les Espagnols est maintenue hors de portée de la France par les Anglais. Bonaparte a renié le message émancipateur de la Convention en revenant sur l'abolition de l'esclavage. Il ne conçoit pas l'intérêt que pourrait représenter aux Antilles une République-sœur, même hétérodoxe, comme point d'appui contre l'Angleterre. Il ne sait pas renoncer à l'esprit de domination pour composer. Il n'envisage pas d'être novateur, c'est-à-dire, en l'espèce, réaliste. La France en paie le prix et la première république noire au monde aussi, parce qu'elle devra vivre longtemps dans le rejet et l'isolement.

Entre la modernité et l'ordre ancien, Napoléon oscille souvent. En témoigne le mouvement qu'il amorce, à partir du Consulat, vers la réinstauration d'un régime monarchique, dont il serait cette fois le souverain.

La résurgence monarchique

Héritier de la Révolution, Napoléon se veut bientôt l'instaurateur de sa propre dynastie. Son intention n'est pas de rester un despote républicain, tributaire de la faveur du peuple. Il cherche ailleurs sa légitimité. Il entend fonder un régime dans lequel son pouvoir s'appuie sur des institutions et des rites empruntés au passé et se projette dans l'avenir grâce à ses propres héritiers.

Les marques sont nombreuses de ce projet délibéré. Le premier pas est fait, en 1802, avec la création de l'ordre de la Légion d'honneur. Les ordres, qui avaient un caractère féodal et chrétien, avaient été abolis sous la Révolution. Ce que Bonaparte a en tête, c'est une « distinction » reconnaissant la bravoure militaire et le mérite civil dans une même « Légion d'honneur ». Sa devise *Honneur-Patrie-Napoléon* marque d'un côté la reconnaissance de la patrie, de l'autre l'allégeance au chef. Les premières remises de décoration sont spectaculaires, aux Invalides, puis au camp de Boulogne. Plus de trente mille personnes, dont Goethe et Volta, seront ensuite distinguées. Cet ordre-là survivra à l'Empire, la République se l'appropriant.

Dès 1802, les atours d'une monarchie impériale sont disposés. Aux Tuileries s'esquisse une cour avec son étiquette, qui prendra une ampleur, un lustre et une rigueur véritablement monarchiques à partir de 1804.

Après la cour vient la noblesse d'Empire, créée en 1806. Des Français sont faits rois, généralement des Bonaparte, pour régner sur des royaumes étrangers. Vingt-deux duchés, fiefs de l'Empire, sont créés. Le motif est certes de récompenser de grands mérites, civils ou militaires, et de rapprocher les deux aristocraties – l'ancienne et la nouvelle. Mais en 1808, dix-huit ans après l'abolition « pour toujours » de la noblesse héréditaire, l'ancienne et la nouvelle noblesse sont à nouveau dites « héréditaires » : l'imitation de l'Ancien Régime est manifeste. S'en inspire aussi le recours aux faveurs dispensées par le souverain, lesquelles sont sans rapport avec les nouveaux fondements économiques de l'enrichissement bourgeois. La même année voit le retour du droit aux armoiries bannies sous la Révolution. L'Empire propose les siennes : les abeilles, le lion, l'éléphant, le chêne, voire le coq, avant que Napoléon ne préfère l'aigle. De même renaît, sous la forme nouvelle de « maréchal d'Empire », la vieille appellation de « maréchal de France » abolie par la Convention. Enfin, avec la garde consulaire, qui devient Garde impériale (en 1804), c'est la Maison du roi qui est reconstituée. L'Empereur restaure l'ordre ancien, le modifie et s'en empare.

L'espérance dynastique n'est chez lui pas moins ardente. Dans un premier temps, le caractère héréditaire de la dignité d'Empereur est présenté comme une protection contre le retour des Bourbons. Le rejet de l'Ancien Régime et de ceux qui l'avaient incarné reste en effet profond dans l'opinion. Mais le projet dynastique prend un tout autre sens quand l'Empereur, soucieux d'assurer sa descendance, divorce de Joséphine (qui ne pouvait avoir d'enfant) et projette une alliance avec une grande famille régnante du temps. Le tsar Alexandre Ier s'étant dérobé au projet de mariage de Napoléon avec sa sœur, la grande-duchesse Anne de Russie (âgée de quatorze ans), Napoléon se tourne vers la maison d'Autriche. L'archiduchesse Marie-Louise, la fille de l'Empereur François, a dix-huit ans (Napoléon en a quarante et un). Elle a été élevée dans l'hostilité aux Français et dans l'horreur de l'« Ogre ». Elle est de surcroît la petite-nièce de Marie-Antoinette ! Mais l'empereur d'Autriche, conseillé par Metternich, voit dans cette union un moyen de protéger ses États des interventions de son futur « gendre ». Le mariage se fait en avril 1810. La nouvelle impératrice des Français le restera quatre ans, enfermée dans une rigoureuse étiquette de cour. L'héritier qu'elle donne à l'Empereur, en 1811, surnommé « l'Aiglon » et portant le nom de roi de Rome, ne succédera pas à son père. Il mourra loin de la France, à Schönbrunn, en 1832.

Napoléon s'est illusionné sur sa possibilité de fonder une dynastie. Seules la domination qu'il exerce et la crainte qu'il inspire donnent un moment corps à son espoir de se voir reconnu comme un pair, ou comme un « cousin », par les princes régnants de l'Europe. Vaincu, il redevient l'« usurpateur ».

L'impossible fondement de la légitimité

Napoléon aura de la légitimité une conception fluctuante. Sans doute parce que son pouvoir se réclame de plusieurs légitimités : celle de la Révolution, dont il a capté l'héritage mais aussi détourné le cours ; celle de la force, grâce à un coup d'État autorisé et consolidé par des victoires ; celle de l'« homme providentiel », vocable forgé alors par la propagande, et parfois encore utilisé aujourd'hui ; celle que lui a donnée le peuple (par un pacte passé lors des plébiscites de 1802 et de 1804) ; celle plus banale consentie au quotidien par une opinion satisfaite de l'ordre et de la paix revenus – pour un temps ; celle enfin monarchique, presque religieuse, née du couronnement et du sacre.

Or, si toutes ces légitimités sont invoquées tour à tour, c'est qu'aucune ne suffit et que chacune interdit à une autre de s'imposer pleinement. Au plus profond, le régime instauré par Napoléon Bonaparte ne saura pas résoudre la contradiction entre les deux légitimités essentielles propres à son époque. La première, d'essence monarchique, a traversé les siècles, vacille mais domine encore en Europe. La seconde, de nature démocratique, née des révolutions américaine et française, aspire à se frayer un chemin dans le XIXᵉ siècle. Au moment des défaites ultimes, aucune des deux ne sera en France assez forte pour assurer la survie du régime. L'Empire napoléonien, simple césarisme moderne, ne survivra pas.

En 1814, la République ne renaît pas non plus. Sans doute parce que les princes vainqueurs ne l'acceptent pas. Mais plus encore parce que l'idée en a été, pour un temps, ruinée en France par l'Empire et son rêve dynastique. Quant à la monarchie restaurée, elle restera comme étrangère, et fragile. Le détournement par Napoléon des promesses et des destins possibles de la Révolution laisse non résolue la question de la légitimité. Elle constitue certainement une des sources de la longue instabilité institutionnelle et politique française. Si, après 1815, la France ne se stabilise pas avec le retour de la paix, c'est qu'elle a été emportée pendant quinze ans dans un rêve de gloire par la logique de la guerre.

2

De la nation à l'Empire

Les guerres sous la Révolution :
défensives ou offensives ?

Si l'Empire sera conquérant, la Révolution française a été avant lui confrontée à la guerre. À la guerre intérieure d'abord. Les affrontements ont été vifs, dès 1791-1792, entre adversaires et partisans de la Révolution, notamment dans le sud du pays, créant parfois un climat de guerre civile. Le conflit prend une tout autre ampleur, en 1793, avec la chouannerie et l'insurrection vendéenne. Un fond de rébellion s'est créé dans l'Ouest en raison de l'impossibilité pour les paysans d'accéder aux terres par l'achat de biens nationaux et en réaction à l'application de la Constitution civile du clergé. C'est le refus de la levée en masse pour la guerre qui provoque la révolte armée des jeunes. Ils sont rejoints par la petite noblesse. Ainsi le lien se noue-t-il entre la guerre civile et les guerres aux frontières.

Les guerres extérieures de la Révolution sont-elles défensives ou offensives ? Il est difficile de trancher tant le jeu des acteurs est complexe. La thèse d'une Révolution et d'une République pacifiques menacées par l'alliance des monarques et des princes et acculées à des guerres défensives est juste en partie. L'Assemblée constituante n'avait-elle pas, le 22 mai 1790, adopté une Déclaration de paix au monde dans laquelle elle affirmait : « La Nation française renonce à entreprendre aucune guerre dans la vue de faire des conquêtes, [...] elle n'emploiera jamais ses forces contre la liberté d'aucun peuple » ? La réalité sera sans doute différente. Il est clair que la Révolution inspire la crainte d'une contagion de ses idées. Un pays comme l'Angleterre, soucieux d'affaiblir un rival, et certaines cours continentales poussent à la guerre. Les solidarités monarchiques à l'égard de Louis XVI menacé jouent et le roi lui-même compte auprès de lui un parti de la guerre.

Après la destitution du roi, en 1792, les émigrés massés aux frontières de l'Est autour du prince de Condé ne cachent pas leur intention d'envahir la France et leur volonté de rétablir la monarchie. L'idée d'une intervention militaire contre la France – dont la déclaration de Pillnitz du 27 août 1791 a été le signe – grandit en Autriche et en Prusse. La France révolutionnaire, isolée politiquement et diplomatiquement, est sur la défensive.

Pourtant, c'est la France qui déclare la guerre à l'Autriche, le 20 avril 1792, ce qui entraîne la Prusse dans le conflit. Peut-être croit-on à Paris avoir intérêt à prendre les devants dans un affrontement inévitable. Ou s'agit-il d'une réaction de fierté des révolutionnaires et du peuple devant l'arrogance des émigrés et des monarques. Des motifs de politique intérieure différents convergent. Il y a ceux qui espèrent la défaite de la Révolution, ceux qui veulent l'exporter, ceux qui attendent de la guerre une radicalisation intérieure. Malgré l'opposition de Robespierre, le parti de la guerre l'emporte.

La première offensive française sur les Pays-Bas autrichiens est un échec. L'armée est mal armée et désorganisée. Le duc de Brunswick à la tête des troupes prussiennes pénètre en France et menace Paris de destruction, si la famille royale est outragée. L'insurrection du 10 août 1792, meurtrière, balaye la monarchie. Le duc de Brunswick est stoppé lors de la victoire de Valmy, le 20 septembre 1792. L'armée prussienne se retire. Le lendemain, à Paris, la République est proclamée.

Les armées françaises passent alors à l'offensive. Nice est occupée, la Savoie « libérée ». L'action sur le Rhin offre Spire, Worms, Mayence, puis Francfort. Dumouriez revient dans les Pays-Bas autrichiens et, après la victoire de Jemmapes, conquiert l'ensemble du pays en novembre. Ces territoires – où seules des minorités s'expriment – demandent leur rattachement à la France. La Convention tranche dans le sens d'une annexion présentée comme la libération de peuples opprimés. Fin 1792 et début 1793, la Savoie, Nice, l'évêché de Bâle et surtout la Belgique sont annexés eux aussi.

Devant cette politique soudain agressive, inquiète de voir la France arriver à Anvers, l'Angleterre sort de sa neutralité. Les princes allemands, la Russie, l'Espagne, Naples, la Toscane, le Portugal s'engagent dans le conflit. En France, pour faire face, est décidée la « levée en masse », qui provoque l'insurrection en Vendée. La défection de Dumouriez entraîne la perte de la Belgique. Les armées de la coalition pénètrent en France.

Heureusement le sursaut du gouvernement révolutionnaire et les divergences au sein des Alliés permettent un retournement de la situation. À la fin de 1793, le territoire français est totalement libéré. Les troupes françaises repassent à l'offensive en 1794. La rive gauche du Rhin est conquise et cette conquête est reconnue par la Prusse. En 1796, la France s'avance partout, avec des fortunes diverses. Les victoires et les défaites s'équilibrent en Allemagne, le projet d'intervention en Irlande échoue. Par contre, des succès sont remportés dans la campagne d'Italie lancée par le Directoire pour faire diversion mais où un jeune général mal connu, Napoléon Bonaparte, s'affirme. Le traité de Campoformio est signé le 18 octobre 1797. Cette campagne indique d'ailleurs que ce général peut prendre ses aises avec les instructions qu'on lui donne, tant sur la conduite de la guerre que sur les conclusions diplomatiques à en tirer.

À l'examen de ces cinq années de guerres, avec leurs flux et leurs reflux, il est malaisé de décider si la politique de la Convention et du Directoire fut défensive ou offensive. Les avancées et les reculs semblent en effet davantage être dus aux bonnes ou aux mauvaises fortunes de la guerre, aux opportunités saisies ou aux revers subis qu'à une politique délibérée. En tout cas, pendant la période révolutionnaire, émerge un nouveau concept, celui des « frontières naturelles » de la France (les Alpes, l'Océan, les Pyrénées, le Rhin). En somme, sur une volonté de protection de la Révolution s'est greffée une politique d'expansion modérée, dont les limites, géographiques et politiques, sont fixées et dont la France veut imposer la reconnaissance. Aucun projet de domination territoriale de l'Europe ne se dessine.

Cette expansion modérée est-elle émancipatrice ? C'est peut-être une question de définition. Les révolutionnaires de la Convention, voire du Directoire, estiment sans doute qu'étendre à des territoires proches non français les principes nouveaux de la Révolution tout en effaçant les stigmates d'un monde ancien (les ordres, les droits féodaux, l'intolérance) est faire œuvre émancipatrice.

Ce serait vrai à certaines conditions : ne pas interdire des usages auxquels les habitants sont sincèrement attachés, ne pas prendre pour approbation de l'annexion le seul avis d'une élite éclairée souvent très minoritaire, voire la seule opinion de tel ou tel « club jacobin » ; s'assurer que le peuple – il est vrai difficile à déterminer en cette époque pré-démocratique – accepte vraiment le rattachement. Ces conditions sont loin d'être toujours remplies. Aussi, selon les territoires et les époques, les accueils sont différents. Nice, le Comtat Venaissin, la Savoie, la Belgique, la Hollande, la rive gauche du Rhin présentent des situations contrastées. En tout cas, en 1800, les « frontières naturelles » sont atteintes.

Par ailleurs, tout rapprochement ne signifiant pas rattachement, la diplomatie de la Révolution adjoint au concept de « frontières naturelles » la notion de « Républiques-sœurs ». Il s'agit là d'une dizaine de républiques créées après l'intervention des armées françaises, principalement aux Pays-Bas, en Suisse et en Italie. Leurs constitutions, qui s'inspirent de celle du Directoire, ont été entre 1796 et 1799 octroyées par la France ou parfois discutées avec elle. Ces républiques, souvent proches géographiquement et en principe amicales, sont conçues comme un glacis protecteur. Elles sont aussi chargées de porter en Europe l'idéal républicain éveillé par la France. Pour qu'elles le portent, il faudrait bien sûr que la sœur aînée, la République française, soit elle-même au clair avec cet idéal. Or le Directoire, qui veut solder la Révolution, ne sait pas autour de quels principes et de quelle organisation institutionnelle le faire. Il faudrait aussi que ces Républiques-sœurs soient souveraines. Sur cette question, le Directoire hésite. Quand le général Bonaparte deviendra Premier consul, sa réponse sera la guerre : il enjambera les « frontières naturelles », il supprimera les Républiques-sœurs.

Napoléon naît de la guerre

Napoléon a été dans sa jeunesse un soldat plutôt négligent. Il n'hésite pas à multiplier les congés de plusieurs mois dans son île natale. On peut presque dire qu'il découvre la discipline en l'imposant aux autres.

Il est aussi très vite un soldat fort politique, concerné par les tumultueux événements de son temps, préparé aux opportunités d'un nouveau monde en marche par ses lectures comme par ses fréquentations. Il a été paoliste d'abord – jusqu'à la rupture de Paoli avec la France en juin 1793 – puis « jacobin » (à cause de sa rencontre avec Robespierre le jeune). Il a participé comme capitaine d'artillerie à la reprise de Toulon aux Anglais en décembre 1793 – ce qui lui vaut d'être promu général de brigade. Après avoir fait ses gammes dans l'artillerie de l'armée d'Italie, il acquiert la réputation d'être un officier « républicain » en écrasant la manifestation contre-révolutionnaire du 13 vendémiaire.

Deux campagnes vont lui donner sa stature : la campagne d'Italie, en 1796-1797, chanceuse et triomphale ; celle d'Égypte, en 1798-1799, hasardeuse et auréolée du prestige de l'Orient.

À la tête de l'armée d'Italie, conçue par le Directoire

comme une force de diversion par rapport à la guerre en Allemagne cruciale pour la France, le tout jeune général Bonaparte va se révéler à lui-même et aux autres. Le capitaine du siège de Toulon, le mitrailleur de Vendémiaire, s'affirme chef de guerre. Au Piémont, dans un premier élan, en Lombardie dans un second, par une série de manœuvres audacieuses, de batailles bien menées, d'épisodes légendés – telle l'affaire du pont de Lodi et celle du pont d'Arcole, où il faillit mourir –, il va conquérir Milan et surtout Mantoue, qui ouvre le chemin vers Vienne. La campagne se conclut par le traité de Campoformio avec l'Autriche, laquelle cède les Pays-Bas, renonce au Milanais et accepte de reconnaître à la France la rive gauche du Rhin. En décembre, Bonaparte rentre à Paris où il est reçu avec un enthousiasme qui, à la fois, sert et inquiète le Directoire.

Outre sa maîtrise de l'art de la guerre, Bonaparte a fait trois découvertes : la guerre n'est rien sans la diplomatie qui la couronne ; il peut s'émanciper d'un pouvoir politique faible ; l'opinion est une proie qu'une propagande adroite aide à atteindre (le bulletin *Le Journal de Bonaparte et des hommes vertueux* date de ce moment).

La deuxième campagne fondatrice est celle d'Égypte. Pour Bonaparte, elle dure un peu plus d'un an, de juillet 1798 à août 1799. Pour le corps expéditionnaire français, après l'assassinat de Kléber en juin 1800, elle se poursuivra jusqu'à la capitulation devant les Turcs et les Anglais en 1801. Cette expédition peut surprendre, si peu de temps après le retour triomphal à Paris du vainqueur en Italie, au regard des urgences en Europe. Pour le Directoire, il s'agit sans doute d'éloigner de Paris un général trop populaire ; pour Bonaparte, c'est l'occasion d'acquérir plus de gloire dans l'Orient mystérieux et en vogue ; pour les deux, cela permet d'espérer faire pièce aux Anglais, ennemis difficiles à saisir, dans une des étapes clefs de la route vers les Indes orientales.

Cette campagne est un échec militaire, puisqu'elle se terminera par une capitulation et qu'elle s'accompagne du désastre naval d'Aboukir (1er-2 août 1798) qui donne aux Anglais la maîtrise de la Méditerranée. Pour le soldat Bonaparte, le bilan militaire est mitigé car, s'il remporte des victoires (celle des Pyramides, celle terrestre d'Aboukir), son expédition en Syrie n'est pas un succès. Cette campagne est aussi marquée par un double massacre à Jaffa de la population civile, puis de soldats prisonniers. La légende préférera montrer, illustré par le tableau célèbre de Gros, Bonaparte visitant, dans cette même ville, les pestiférés… L'expédition sera aussi un échec politique puisque, malgré des tentatives de réforme des administrations, c'est Méhémet Ali – adversaire des Français – qui se chargera de la première modernisation politique de l'Égypte.

Pour notre pays et pour le politique Bonaparte, les conséquences de cette campagne vont être majeures. Le 23 août 1799, jugeant qu'il n'a plus de véritable intérêt à rester avec ses hommes, Bonaparte reprend la mer et, le 8 octobre, il débarque à Fréjus, auréolé d'un prestige que sa propagande a soigneusement servi. C'est la première fois qu'il abandonne ses soldats dans un moment difficile. Il le refera deux fois : en Espagne, au cœur d'une impasse, et en Russie, lors d'une tragédie. Il place ses ambitions politiques avant ses devoirs de soldat. Un mois à peine après son retour à Paris, grâce au coup d'État de brumaire, il est Premier consul. Une fois le pouvoir pris, il choisit de nouveau la guerre.

Un régime tourné vers la conquête

Premier consul ou Empereur, Napoléon Bonaparte sera loin d'avoir passé à Paris ou en France ses quinze années à la tête de l'État. Souvent, il est avec ses armées, puis viendra son premier exil, à l'île d'Elbe. Le contraste est saisissant avec les rois européens ses pairs qui guerroient peu, rarement personnellement et restent le plus souvent dans leur pays. Ainsi se révèle la fatalité qui pèse sur Napoléon et son régime : parce qu'il était soldat, il a conquis le pouvoir ; tant qu'il restera un soldat victorieux, il le conservera.

Les dates sont d'entrée de jeu saisissantes. Le 10 novembre 1799 a lieu le coup d'État. Le 15 décembre est proclamée la Constitution. Entre le 13 décembre 1799 et le 17 février 1800 sont installés le Conseil d'État, le Sénat, le Tribunat et le Corps législatif, est créée la Banque de France et sont institués les préfets. Le 20 mai, soit six mois après, Bonaparte franchit le Saint-Gothard pour sa deuxième campagne en Italie.

Hors une courte période pacifique d'un an après la paix d'Amiens avec l'Angleterre (25 mars 1802), Napoléon Bonaparte est constamment en guerre, pour l'essentiel à l'étranger, à la fin sur le territoire français. La chronologie et la géographie des conflits parlent : 1800 (Italie et Allemagne), 1805 (Allemagne), 1805 (Autriche et Italie), 1806 (Prusse), 1807 (Pologne), 1807-1808 (Portugal), 1808-1814 (Espagne), 1808 (Allemagne et Autriche), 1809 (Italie), 1809 (Portugal), 1812 (Russie), 1813 (Allemagne), 1814 (France), 1815 (Belgique). Les armées françaises, sous le commandement direct de leur généralissime ou sous celui de ses lieutenants, sont presque constamment au combat !

Sous l'Empire, les Français sont mobilisés en masse pour la guerre. Deux millions d'hommes seront incorporés, volontaires ou plus généralement conscrits. Si la ponction a épargné les classes favorisées (par le système du remplacement) et, accessoirement, les ouvriers parisiens qu'on jugeait prudent de ménager, elle a frappé pendant quinze ans la jeunesse française. Une série de sénatus-consultes votés docilement de 1806 à 1813 permet d'opérer les levées destinées à combler les pertes. Le service, d'une durée de un à cinq ans en temps de paix, étant illimité en temps de guerre, les contingents incorporés de 1803 à 1814 ne seront jamais libérés ! Vers la fin, le système de remplacement se fait sans conditions, afin d'épargner les fils des notables, soutiens du régime. Dans les autres couches de la population, le nombre des insoumis et des déserteurs s'accroît fortement. Les pertes dans nos rangs, discutées, se chiffrèrent au moins à huit cent mille hommes (dont six cent mille Français), la moitié des pertes totales des guerres napoléoniennes.

Cette prépondérance de la guerre pèse sur les finances publiques et structure leur organisation. En 1814, les dépenses de guerre sont sept fois supérieures à celles de 1789, année de paix, il est vrai. À cela s'ajoute – et c'est une caractéristique du régime – l'apport du « Domaine extraordinaire », terme technique qui masque en fait la logique du butin, aussi vieille que la guerre. Dès sa première campagne d'Italie, en 1796, le général Bonaparte avait contesté l'instruction qui lui était donnée par le Directoire de faire passer les « prises de guerre » en France. Devenu Empereur, il décide en 1805, quand reprennent les grandes guerres continentales, que les ressources financières et les contributions en nature prélevées dans les pays conquis n'iront plus au Trésor public mais au Trésor de l'armée. Les campagnes contre l'Autriche, la Prusse, l'Espagne, marquées par de considérables impositions et par des confiscations de biens, sont à cet égard très productives. Les énormes sommes rassemblées serviront pour une bonne part aux dépenses militaires mais viendront aussi abonder la Caisse d'amortissement chargée de garantir les obligations d'État.

Cette imbrication entre le militaire et le civil est officialisée en 1810 par un sénatus-consulte qui permet à l'Empereur d'utiliser les ressources du Domaine extraordinaire non seulement pour les dépenses de l'armée mais aussi pour récompenser d'éminents services rendus, militaires ou civils, et pour financer des grands travaux. En somme, une part notable des dépenses militaires ne grève pas le budget de la France mais échappe au contrôle. Parallèlement, une fraction des dépenses civiles en France provient des lourdes impositions infligées aux pays vaincus.

Un Empire prédateur

Les mœurs du temps voulaient qu'on se payât sur l'ennemi. Napoléon n'a pas, de ce point de vue, innové. Mais la permanence de ses guerres, le nombre de ses victoires et la taille de ses conquêtes vont donner au système, au profit d'un camp, le nôtre, une ampleur inédite en Europe.

Pour alimenter le Domaine extraordinaire, les pays vaincus doivent, occupés ou non, verser d'énormes contributions à l'issue de chaque campagne. L'Autriche, la Prusse, l'Italie, l'Espagne sont ainsi lourdement imposées. Des biens considérables, tout particulièrement de la noblesse, sont confisqués. Or les pays amis ou alliés, la Bavière et la Westphalie par exemple, ne sont pas épargnés. Les populations en sont exaspérées. Jugé financièrement indispensable, le mécanisme est politiquement coûteux.

Aux impositions des traités s'ajoutent les pillages. Bonaparte avait donné le ton dès sa première campagne d'Italie par la proclamation citée plus haut dans laquelle il faisait miroiter aux yeux de ses soldats les richesses de ce pays. S'il s'efforce ensuite, dans le long cours des guerres, de limiter les excès du pillage, globalement il se résigne à son existence.

Peu nourris, mal payés, les soldats ont besoin de trouver dans le pays occupé de quoi vivre. L'appât du gain, le plaisir de la maraude font partie des conditions de leur moral. Les chefs le savent qui, lorsqu'ils ne se réservent pas chefs-d'œuvre ou objets précieux, préfèrent organiser de façon moins anarchique et brutale ce que la troupe fera en tout état de cause. Seul le pillage individuel est vraiment sanctionné.

Dans sa construction même, le régime est prédateur. Prébendier à l'intérieur, il lui faut être prédateur à l'extérieur. En effet, les fiefs, les biens, les richesses distribués à profusion à la famille de l'Empereur, aux grands dignitaires, aux maréchaux sont arrachés le plus souvent aux départements étrangers de l'Empire et aux pays vassaux ou vaincus. Deux exemples illustrent la méthode. Celui du royaume de Westphalie d'abord. Ce pays est taillé par Napoléon à partir de territoires divers ; il est l'allié de la France et a été conçu pour être un « État modèle » – entendons une copie de l'État français nouveau. Or les contributions extraordinaires exigées pour entretenir les troupes françaises sur place, puis pour lever le contingent westphalien, dépassent les ressources budgétaires du pays. En outre, l'Empereur fait valoir un droit de propriété sur une partie des biens domaniaux. Pour quel objet ? Pour en doter, avec les droits seigneuriaux et les revenus afférents, ses maréchaux, ses généraux et ses ministres. Autre exemple : le royaume de Naples. Alors que Joseph Bonaparte entreprend d'abolir le régime féodal dans le pays où il vient d'être fait roi, il doit fournir des revenus à six personnalités françaises étrangères au royaume : Talleyrand, Fouché, Gaudin, Bernadotte, Macdonald et Oudinot !

Les prises artistiques – et l'on sait ici le rôle joué par Vivant Denon – sont également emblématiques. L'enlèvement des chefs-d'œuvre dans les pays conquis était d'usage courant et il a duré fort longtemps. Les musées européens sont chargés d'œuvres qui proviennent des butins des guerres sur le continent comme des razzias coloniales. Déjà, le Directoire avait prélevé des chefs-d'œuvre en Belgique, puis en Italie. Nos musées et les salons avaient fait une place nouvelle aux pièces des écoles flamande et italienne acquises gratuitement. Le Consulat et l'Empire enrichiront ces collections, année après année, au rythme des conquêtes. Le musée Napoléon, nom donné après coup au Muséum français ouvert au Louvre en 1793, et auquel Denon consacre tant d'efforts, regorge de richesses (et notamment de peintures) partout spoliées. Quant au pillage, s'il est toléré, c'est qu'il adoucit l'extrême dureté de la condition des soldats.

Un chef peu soucieux de ses hommes

Dans un régime tourné vers la guerre et au sommet duquel Napoléon entend décider de tout – les historiens précisent qu'il aimait entrer dans le moindre détail –, il n'est pas fortuit que l'administration militaire soit si défaillante. Cela veut dire qu'elle intéresse peu Napoléon. Si les payeurs sont intègres et protègent leurs caisses, même près des combats, les commissaires de guerre n'ont ni leur zèle ni leur intégrité. Ils sont chargés des approvisionnements, de la mise en place des hôpitaux, des convois militaires, de l'habillement, des vivres. Leur rôle est donc essentiel. Or, il y a parmi eux beaucoup de concussionnaires et des fortunes sont édifiées qui coûteront des milliers de morts. Le soldat napoléonien est constamment mal nourri, mal vêtu, mal soigné et même mal armé. D'où la soupape de sécurité du pillage. Napoléon semble avoir pris son parti de tout cela. La priorité va au combat et à la recherche de la victoire. Le reste importe peu.

L'affection et la sollicitude de Napoléon pour ses soldats relèvent de la légende – une légende systématiquement et adroitement entretenue –, et non de la réalité, beaucoup plus crue, plus froide. Si Napoléon paye de sa personne, s'expose sans précaution quand l'examen d'une position ou le suivi de ses ordres l'y conduisent, s'il sait faire des gestes qui galvanisent, il n'a guère le souci des hommes. La condition du soldat n'est pas sa préoccupation. Son exigence est d'avoir des soldats à l'heure pour la bataille. Son mode de combat fondé sur le mouvement et la rapidité, servi par des décisions d'exécution prises aussi tard que possible (pour intégrer les choix de l'ennemi et s'adapter à des situations changeantes), impose souvent aux combattants de longues marches forcées accomplies le ventre creux. Étrangement, l'état dans lequel ces hommes arrivent au feu n'est pas, semble-t-il, pris en compte.

L'intérêt peu marqué porté par Napoléon au service de santé de ses armées est également révélateur. Certes, il faut avoir à l'esprit la faiblesse des connaissances médicales de l'époque : on ne sut qu'en 1909, par exemple, que le typhus se transmettait par le pou. Ce mal sera le compagnon constant de la Grande Armée et il se répand de façon foudroyante après la retraite de Russie. La majeure partie des morts des guerres de l'Empire n'est pas survenue sur les champs de bataille mais à cause des blessures terribles dues à l'usage massif de l'artillerie de part et d'autre ou aux maladies contractées et propagées dans des hôpitaux de fortune aux conditions hygiéniques effroyables. Cela aussi, c'est mourir à la guerre…

Napoléon ayant constamment besoin d'hommes pour se battre, et la majorité des recrues éliminées l'étant par la maladie et les conditions d'hygiène, l'Empereur devrait y porter attention. De fait, il en a conscience, puisque, pour ce qui touche au cœur même de son armée, la Garde impériale, il est plus précautionneux. Celle-ci dispose d'un service de santé correctement organisé et bien pourvu.

De plus, quelques grands médecins militaires (Percy,

Larrey, Coste) lui proposent des réformes ou des amé-
liorations, le plus souvent sans succès. Percy, homme
courageux et esprit indépendant, est successivement
chargé des services de santé militaire de la République
et de l'Empire, jusqu'en 1809. Son souci majeur est de
sauver les blessés (en 1800, il fait proposer en vain aux
Autrichiens l'inviolabilité des ambulances). Il suggère
à Napoléon une meilleure organisation de la chirurgie
aux armées, sans être écouté. Larrey organise les ambulances volantes qui sillonnent les champs de bataille
pour ramener les blessés vers l'arrière afin de les opérer
et de les soigner. En 1805, l'Empereur lui interdira
toute évacuation avant la fin de l'action ! Coste, qui
s'est battu pour le maintien des hôpitaux militaires,
introduit la variolisation aux armées. Mais il le réalise
sans véritable soutien de l'Empereur.

Exigeant avec lui-même, indifférent aux autres,
Napoléon connaît parfaitement les conditions souvent
terribles dans lesquelles il fait combattre ses soldats
et l'impact que cela peut avoir pour son image. Son
attitude après la bataille d'Eylau (le 8 février 1807), au
cœur de l'hiver polonais, le montre bien. Épuisés par
onze jours de marche dans la neige sans ravitaillement
régulier, quarante mille Français affrontent soixante
mille Russes. Le terrain reste aux Français après un
choc frontal, mais vingt-cinq mille d'entre eux sont
hors de combat. Inquiet de ce qui pourrait être dit,
en France, de ce carnage, l'Empereur – et ce sera la
seule fois dans l'histoire militaire de l'Empire – reste
huit jours sur le champ de bataille avec ses hommes,
veille à l'évacuation des blessés, s'assure que ne soient
pas abandonnés des trophées et écrit lui-même, avec
le dessein de servir sa gloire, le récit de la victoire.

Les hommes emmenés à la guerre ne seront pas les mêmes du début à la fin de l'Empire. Avec le temps, l'extension de l'Empire et les pertes, la composition de la Grande Armée évolue. D'abord, la part des soldats étrangers s'accroît. Ils sont trois mille en 1804, sept mille en 1805, trente-quatre mille en 1808 et, malgré des pertes considérables, soixante-quatre mille en 1811. En 1810, plus du tiers de l'infanterie, cette « reine des batailles », est étranger. Et puis, les pertes et les défections augmentant, ils ne seront plus que trente-six mille en 1813 et dix mille un an plus tard, au moment de l'abdication. Pour l'essentiel, ces étrangers sont des Saxons, des Bavarois, des Wurtembergeois, des Westphaliens – c'est-à-dire des Allemands. Leurs souverains sont alliés ou vassaux de l'Empire mais ne sont guère traités avec considération. La fidélité de ces soldats dans les épreuves, lors des campagnes de Russie (en 1812) et d'Allemagne (en 1813), sera variable et parfois suspecte. À Leipzig (les 16 au 19 octobre 1813), dans la bataille dite « des Nations », les Saxons et les Wurtembergeois changeront de camp en plein combat. La projection impériale a modifié la nature de la Grande Armée qui a perdu une partie de son caractère national.

Les troupes françaises elles-mêmes changent avec le temps. Au fur et à mesure des batailles et des pertes, la proportion des vétérans décroît, en particulier dans l'infanterie. Au moment d'Austerlitz, plus de 40 % des soldats ont déjà combattu, sous l'Ancien Régime ou sous la Révolution. L'amalgame de ces soldats expérimentés et des recrues plus jeunes lancées dans les guerres patriotiques de l'ère révolutionnaire est efficace et le restera plusieurs années.

Après 1807, faute d'éléments chevronnés, Napoléon

et ses généraux simplifient les manœuvres et privilégient l'action de choc, laquelle est beaucoup plus coûteuse en hommes. À Wagram (en 1809), la percée frontale opérée par Macdonald est victorieuse mais lui laisse mille cinq cents hommes valides sur quinze mille. Après la guerre en Espagne et la campagne de Russie, la situation s'aggrave. Les pertes se sont accentuées, les défections aussi. En 1814, les dernières vagues de conscrits, les « Marie-Louise » (!), sont jetées au combat alors que ces soldats sont à peine formés – tous n'ont pas eu le temps d'apprendre à charger leur fusil, opération complexe à l'époque. Ils ont peu à voir avec les soldats aguerris de la première Grande Armée. Les défaites finales montrent que la qualité des soldats des armées de la France avait auparavant bien servi, surtout dans une stratégie basée sur l'offensive, les exploits guerriers de Napoléon.

Un génie militaire éclatant

On a tout dit du génie militaire de Napoléon. Le simple sous-lieutenant que j'ai été, né dans un autre temps, ne va certes pas le chicaner. Il faut seulement en reconnaître les formes, en constater les limites et savoir sur quoi il ne pouvait avoir de prise, ce qui explique l'échec final.

Sorti dans un rang médiocre de l'École militaire (quarante-deuxième sur cinquante-huit promus), Bonaparte développe vite au combat des qualités exceptionnelles que l'école ne donne pas. Cultivé, aimant les livres, isolé et méditatif, il se nourrit des ouvrages des théoriciens militaires et il se forge une pensée sur l'art de la guerre. Tout commence peut-être avec son amour de la géographie et des cartes. Aux Tuileries, comme à Berlin ou à Varsovie, l'Empereur a toujours besoin de cartes auprès de lui. Il bénéficiera d'ailleurs, avec Bacler d'Albe, d'un chef du cabinet topographique remarquable qui sera, jusqu'en 1814, jour et nuit au service de l'Empereur, faisant cartographier en permanence. Les jours précédant les combats, Napoléon est très souvent penché sur les cartes. D'où une connaissance remarquable de la topographie de la bataille à venir ou en cours qu'il parachève par des reconnaissances, souvent personnelles, sur le terrain.

Cette étude très précise des lieux du combat et le suivi attentif des positions et des mouvements de l'ennemi conduisent l'Empereur à donner ses derniers ordres tard dans la nuit. Cette façon de faire impose aux chefs d'unité et aux soldats des déplacements ultimes très rapides. Mais elle procure souvent à Napoléon l'initiative et lui donne la capacité d'utiliser l'effet de surprise.

La stratégie napoléonienne est, on le sait, offensive. Elle est fondée sur la recherche systématique de la bataille avec pour objectif de détruire rapidement les forces de l'adversaire. Il s'agit d'être le plus fort là où l'on a décidé de porter le coup décisif. Envelopper par la manœuvre, puis frapper, tel est le principe. Cela suppose d'être capable de concentrer rapidement des forces sans économiser les moyens en hommes. Le coup décisif peut être donné sur les arrières de l'ennemi, si nos armes ont l'avantage du nombre, afin de l'écraser en une fois. Si Napoléon n'a pas la supériorité numérique, il cherchera à diviser l'ennemi, à prendre la position centrale, pour battre ensuite successivement les forces adverses.

La tactique napoléonienne découle de sa stratégie. Elle préfère – sans dogmatisme – l'ordre profond (avec de grosses colonnes) à l'ordre linéaire, car il permet d'obtenir un effet de choc de la cavalerie, voire de l'infanterie. Que cette tactique soit plus coûteuse en hommes n'est pas considérée comme un problème : ceux-ci doivent se montrer dignes de ce que conçoit leur chef. Tant qu'il les mènera à la victoire, même à coûts élevés, ils suivront.

Peut-être Napoléon a-t-il eu la bonne fortune de ne pas avoir face à lui de grands chefs de guerre. Ceux qui s'affirmeront tels et qui le vaincront à la fin – l'Autrichien Schwarzenberg à la « bataille des Nations » et l'Anglais Wellington à Waterloo – l'emporteront face à une armée française et à un Empereur affaiblis. Par l'audace et la clarté de ses conceptions, par la souplesse, la précision et la rapidité de ses exécutions, Napoléon s'est imposé, sur une longue période et des théâtres d'opérations extrêmement divers, comme la figure dominante de l'art de la guerre au tournant du XVIIIᵉ et du XIXᵉ siècle, l'éclat de ses succès rayonnant au-delà.

Naturellement, son savoir-faire n'est pas sans défaut et il prit parfois de mauvaises décisions militaires. La plus caractéristique, et dont les conséquences furent tragiques, concerne l'itinéraire de retour lors de la campagne de Russie. On sait que, après un conseil de guerre réputé orageux, l'Empereur décide de ne pas emprunter la route par Kalouga, région non encore pillée où l'armée aurait pu se ravitailler. Il invoque une résistance de l'ennemi, or l'état-major russe la lui a opposée justement pour forcer son choix et il lui suffirait de la vaincre. Il choisit de reprendre la route de l'aller dans une région déjà éprouvée par le premier passage. Du coup, la retraite se transformera en débâcle. Une autre erreur majeure, d'une nature différente, fut de ne pas imposer, lui absent, une unité de commandement en Espagne sous les ordres du chef le plus capable, Suchet sans doute.

Ici, on touche aux limites de l'organisation militaire de Napoléon, chef d'État et généralissime. Il rassemble les rênes du pouvoir et celles du commandement en ses mains, déteste être contredit et délègue peu. Il ne manque pourtant pas de grands maréchaux et généraux. Certes, Masséna et Soult sont des chefs contestés, et Savary, courageux, est surtout docile et dur. Mais Berthier, remarquable organisateur, Davout, le seul maréchal à n'avoir jamais été vaincu, Ney et Murat, hommes de bataille brillants, Oudinot, le « Bayard de l'armée » selon Napoléon, Suchet, peut-être le meilleur de tous, sont des seconds remarquables sans lesquels l'Empereur n'aurait pu gagner tant de batailles. Si celui-ci, conscient de leur importance, les comble de faveurs et de gratifications, il les abreuve également d'instructions précises et leur laisse peu d'initiative. Despotique, sûr de son génie, désireux qu'on le serve, centralisateur par système, Napoléon commande ses armées comme il dirige la France et l'Empire : de manière absolument autocratique. Un tel mode de commandement pouvait peut-être convenir au début. Quand la Grande Armée prend des proportions impériales, cela est une source de paralysie et d'inefficacité. Pourtant, là ne résident pas, au plan militaire, les causes de la défaite finale.

Un échec final inéluctable

L'Empire européen de Napoléon Bonaparte, construction volontariste et contestée, est à son apogée en 1808. Six ans plus tard, il s'effondre et bientôt disparaît. Pourquoi et comment ? On évoque à juste titre, dans le parcours de l'Empereur, deux cassures, deux fautes majeures : l'expédition d'Espagne en 1808, la campagne de Russie en 1812. Intervenir militairement en Espagne n'était pas justifié et se révéla rapidement désastreux. L'Espagne était, depuis Louis XV, l'alliée de la France. En 1805 encore, elle affrontait comme les Français les forces navales anglaises. Dans un premier temps, les troupes françaises franchissent la Bidassoa, puis envahissent le Portugal – avec le concours de contingents espagnols ! – pour le punir de ne pas respecter le blocus décidé par Napoléon contre l'Angleterre. L'arrière-pensée est de partager le Portugal entre la France et l'Espagne. Les soldats français sont d'ailleurs bien accueillis par la population hispanique.

Au lieu de s'en tenir là et de solidariser les Espagnols par un contrôle conjoint du Portugal – puisque tel était son projet initial –, Napoléon envoie des troupes s'établir à Valladolid, Burgos, Pampelune et Barcelone sous prétexte d'assurer ses arrières. Le 23 mars 1808, Murat est à Madrid. Une quasi-occupation commence. Le « guet-apens de Bayonne », au cours duquel l'Empereur force le roi Charles IV et son fils Ferdinand – en irréductible rivalité – à démissionner pour installer son frère Joseph sur le trône d'Espagne, provoque une puissante insurrection populaire. Elle est durement réprimée. La guerre d'Espagne commence.

Cette guerre, face à un peuple indomptable dont Napoléon a gravement sous-estimé la résistance, durera six ans, jusqu'à la fin de l'Empire. Elle détruira la réputation d'invincibilité de l'Empereur, distraira en permanence des troupes de théâtres d'opérations plus névralgiques. De plus, elle ponctionnera de bonnes troupes sur la Grande Armée (deux cent mille hommes environ) quand Napoléon décidera d'aller lui-même en Espagne (de novembre 1808 à janvier 1809) pour rétablir une situation dégradée. Il y parvient, puis repart. Il y aura ensuite, sur le terrain, des alternances de succès et d'échecs mais jamais de stabilisation de la situation, sous la pression des troupes anglaises, et encore moins de pacification véritable, en raison de la résistance des populations espagnoles. Cette guerre qui, dans l'histoire de l'Espagne, se nomme « la guerre d'Indépendance », sera une plaie au flanc de l'Empire. Et c'est d'Espagne que Wellington, le futur vainqueur de Waterloo, partira pour obtenir, le 12 mars 1814, la soumission de Bordeaux et le ralliement, fortement symbolique, de la ville aux Bourbons. Il livrera même, le 10 avril, l'inutile bataille de Toulouse – l'Empereur ayant déjà abdiqué, le 6.

La deuxième faute, plus grave encore compte tenu des leçons enseignées par l'épreuve espagnole, est, de la part de l'Empereur, de s'engager, en 1812, dans la campagne de Russie. Certes le traité de Tilsit entre les deux empereurs (1807) n'avait pas satisfait ses signataires, et particulièrement pas le Tsar, l'empereur français maître de l'Italie lorgnant Constantinople. Ce n'est pourtant pas le Tsar qui attaque la France mais Napoléon qui, après avoir rassemblé plus de six cent mille hommes (dont trois cent cinquante mille

Français), envahit la Russie et marche sur son cœur :
Moscou. Talleyrand avait mis en garde l'Empereur
contre la démesure du risque pris, sans être écouté.
Le 23 juin 1812, les premières troupes de Napoléon
franchissent le Niémen.

Pendant trois mois, aucune des manœuvres que
l'Empereur tente pour accrocher les deux armées russes
afin de les vaincre ne réussit, celles-ci se dérobant.
Écartant, curieusement, la marche sur Saint-Pétersbourg,
la capitale politique, et visant Moscou, Napoléon décide
de poursuivre ces troupes qui reculent. Hors la prise de
Smolensk, violente, le 17 août, il y a une seule vraie
bataille, celle de Borodino (ou encore de la Moskova),
le 7 septembre 1812. Napoléon la gagne, après avoir
écarté le plan sans doute préférable de Davout. Mais
cette victoire, coûteuse en hommes, n'est nullement
décisive. Napoléon arrive dans Moscou abandonnée
le 14 septembre. Dans la nuit du 15 au 16, l'ancienne
capitale russe flambe. Les Français sont désorientés,
l'empereur français fait au Tsar des propositions de
paix qui ne sont pas reçues. Chacun des deux camps
sait que l'hiver approche…

Napoléon ne pense pas trouver suffisamment de ressources à Moscou pour y prendre ses quartiers d'hiver.
Et d'ailleurs, pour faire quoi ensuite en Russie ? L'ina-
nité de son entreprise lui apparaît sans doute. Sous
prétexte de répondre à une attaque de Koutousov sur
les avant-postes français, il retire ses armées de Moscou
pour en réalité commencer la retraite. Terrassées par le
froid, constamment harcelées par les cosaques et des
groupes de paysans armés, ayant pris la plus mauvaise
des routes, sauvées du piège total au franchissement
de la Berezina par un miracle d'héroïsme (notamment

des pontonniers d'Éblé, lequel meurt d'épuisement), les armées glorieuses de Napoléon sont anéanties quand elles repassent le Niémen le 13 décembre 1812. Napoléon les a déjà quittées depuis cinq jours pour un retour précipité vers Paris où la situation politique l'inquiète. Lors des six mois de l'aventure russe, la Grande Armée n'a pas été vaincue, elle s'est défaite. Partie à six cent mille – avec d'importants contingents étrangers –, elle compte moins de soixante mille soldats à son retour. Plus de deux cent mille hommes sont morts. Plus de cent cinquante mille auraient été faits prisonniers. La guerre d'Espagne était une épreuve, la campagne de Russie est un désastre. Pour beaucoup, en Europe, elle annonce la fin de l'hégémonie de la France. Elle renforce la détermination de ceux qui vont se coaliser contre elle. Pour ne pas avoir su borner ses ambitions extérieures, Napoléon n'en réalisera aucune.

Des buts de guerre incertains

Les faits sont là. Napoléon a gagné toutes les guerres contre l'Autriche, sauf la dernière. L'Angleterre, que l'Empereur a considérée comme son ennemie majeure, est constamment restée hors de son atteinte. Elle est sortie des guerres contre lui plus forte qu'elle n'y était entrée. Austerlitz a été un soleil provisoire, Trafalgar une ombre durable. La France a dominé le continent dix ans, l'Angleterre règnera sur les mers un siècle. La grande faiblesse de Napoléon a été politique : il ne se fixe pas, pour lui et pour la France, des buts de guerre clairs, réalistes et durables. La Révolution française, débordant les limites héritées de la royauté en 1789, s'était donné pour objectif d'atteindre les « frontières naturelles » de la France. Il s'agissait sans doute d'un arrangement conceptuel commode. Mais, une certaine idée de la géographie physique aidant, en s'appuyant sur la puissance du pays et de ses armées, un tel objectif avait été circonstanciellement obtenu (sous le Directoire) et pouvait être durablement atteint, plusieurs traités ayant reconnu ces frontières. Encore fallait-il s'en tenir là.

Bonaparte efface immédiatement le concept de « frontières naturelles ». Ce qui, pour d'autres, ouvrait l'espace de façon raisonnable, pour lui, bouche dérisoirement l'horizon. Il lui faudrait alors fixer sa propre conception des intérêts de la France et arrêter sa vision d'un espace européen stable. Or il fait la guerre constamment, sans définir et circonscrire ses fins. Entraîné par des rêves de gloire, par le désir d'égaler des conquérants mythiques (tel Alexandre le Grand), par l'irritation d'une résistance ou par l'opportunité d'une conquête, obligé de combattre les ennemis qu'il suscite et poussé toujours par l'obsession d'abaisser la puissance anglaise, Napoléon a pour boussole, à chaque étape, son ambition immédiate plutôt que les intérêts durables de la France.

On ne peut dire que Napoléon s'est enfermé dans l'expansion continentale en négligeant les mers. Il a tenté, en vain, de se doter d'une flotte de combat apte à rivaliser avec celle de l'Angleterre. Celle-ci, de toute façon, ne se serait pas laissé arracher la suprématie. On voit donc mal quelle stratégie maritime aurait pu l'emporter. La question est plutôt de savoir si l'Empereur devait faire de son adversaire le moins saisissable son ennemi majeur. Il pouvait être opportun de rechercher un équilibre raisonnable avec un pays réaliste (où existait un fort courant libéral) et de préserver ainsi des fleurons des possessions coloniales françaises. Cela aurait supposé de composer avec l'Angleterre, pays qui, lui aussi, d'une manière différente, avançait vers la modernité. Au lieu de cela, Napoléon prit l'Angleterre comme ennemi principal.

En revanche, on ne peut pas reprocher au Premier consul d'avoir vendu en 1803 la Louisiane aux États-Unis. Croire que cet immense territoire – représentant aujourd'hui douze États des États-Unis – aurait pu rester une possession française relève de l'illusion. Les Américains n'auraient pas plus accepté de la France que de l'Angleterre une domination sur un espace essentiel. Tout juste peut-on constater qu'à l'occasion du Blocus continental l'Empereur ne cherche pas à se faire un allié de la nouvelle puissance américaine – en ménageant ses intérêts. Le regard de « l'aigle » ne se porte guère au-delà de l'Atlantique.

Cette impossibilité, pour Napoléon, de fixer claire-ment les buts de guerre de la France se traduit par l'absence d'un système d'alliance stable. Ni avec l'Autriche, ni avec la Prusse, ni avec la Russie, la politique n'est constante. Talleyrand, interlocuteur de Metternich, a suggéré à l'Empereur une entente pri-vilégiée avec l'Autriche : l'alliance dynastique avec Marie-Louise paraît illustrer ce choix. Or l'Autriche est le royaume que l'Empereur combat le plus constamment. Avec la Russie, l'idée d'un partage impérial d'une partie de l'Europe et du Proche-Orient entre elle et la France est caressée par Napoléon. D'où l'entrevue théâtralisée de Tilsit, le roi de Prusse étant là en figurant. Mais rien n'en résultera : cinq ans après, l'Empereur envahit la Russie. Il n'y a pas non plus de tentative sérieuse du côté de la Prusse. Napoléon a un seul guide : l'ambition de conquérir un empire dans un rêve de gloire ; et un seul précepte : saisir des occasions pour dominer les territoires et les peuples – qu'il sous-estimera gravement.

L'indifférence aux peuples

La dernière faiblesse, sans doute la plus profonde, de la conduite napoléonienne de la guerre est l'ignorance des peuples. Napoléon Bonaparte n'a pas d'attachement au peuple. Issu d'une lignée de petite noblesse, il a été emporté dans le torrent de la Révolution, par soif d'opportunités autant que par goût pour les idées nouvelles. Mais il a détesté la part que la « plèbe » y a prise, l'assimilant à l'émeute ou au seul désordre.

Il pense que le peuple – et à coup sûr l'opinion – est une force qu'il faut séduire par la propagande ou dompter. S'il sait, au sein de ses armées, utiliser dans les premiers temps l'énergie populaire et patriotique venue de la Révolution, il ne comprend visiblement pas que des ressorts puissants – ceux de la fierté, du refus d'une domination étrangère, d'un attachement à une religion ou même à une dynastie – puissent jouer aussi dans d'autres peuples. Des révoltes en Autriche ou en Suisse, des ferments nationalistes, des prises de distance de personnalités éclairées en Allemagne ou en Italie auraient pu l'alerter. Il n'en est rien. Attiré par les cimes princières ou aristocratiques des sociétés vaincues ou convoitées, il néglige les bases populaires sur lesquelles, d'une façon ou d'une autre, sont assis les régimes. Ainsi sous-estime-t-il gravement l'élan de la résistance spontanée du peuple espagnol, pensant que des troupes peu expérimentées suffiront à le mater. On l'a vu, il doit plus tard, trop tard, envoyer des fractions importantes de la Grande Armée qui, immobilisées, lui manqueront ailleurs.

Le même oubli du peuple se manifeste lors de la campagne de Russie. Or dans l'immense plaine russe dans laquelle Napoléon pénètre, cherchant en vain la bataille, il y a un peuple, non pas constitué sans doute en sujet politique, mais formé d'une masse de paysans et de villageois, attachés à leur tsar comme à la terre, même s'ils la cultivent sans qu'elle soit la leur. Les étrangers, que les élites russes imitent ou adoptent, sont pour eux des éléments hostiles contre lesquels il sera aisé de les mobiliser dans ce qui est appelé la « guerre patriotique », surtout si les soldats envahisseurs prennent aussi la figure de pillards.

En Russie comme en Espagne, ce n'est pas des généraux attentistes ou des aristocrates prudents mais des milieux populaires que vient le harcèlement qui use ou décourage, même si à l'Est, le froid – étonnamment négligé par Napoléon – sera le grand ennemi. Au XVIIIe siècle, les guerres étaient encore l'affaire des seigneurs, des princes et des rois enrôlant souvent des mercenaires. Au début du XIXe siècle, avec Napoléon, elles deviennent davantage, en Europe, celles des peuples. Mais c'est d'abord contre lui que ces peuples se mobilisent. La faute de Napoléon est d'avoir soudé les peuples avec leurs princes.

L'Empereur aura suivi ses propres fins, souvent contradictoires, parfois indéchiffrables, jusqu'au bout. Il passera comme un météore. L'Europe, éveillée, se rendormira, frustrée, pour trente ans.

3

L'Europe subjuguée

L'Europe éveillée et non transformée

Un des rêves des révolutionnaires français était d'éveiller l'Europe et d'émanciper les peuples. Sans doute leur proposaient-ils pour cela le modèle de la France, ce qui n'est pas la forme la plus authentique de l'émancipation. Pourtant l'éveil des esprits déjà provoqué par les Lumières, l'intérêt suscité chez de grandes figures intellectuelles du temps (Goethe, Hegel, Alexandre de Humboldt) par les journées de 1789, la fièvre répandue dans les élites éclairées et, ici ou là, certains élans du peuple laissaient penser que le message nouveau venu de France pourrait se répandre. Sans doute se mêlait-il à l'espérance française un certain désir de puissance : le Directoire en avait déjà montré les signes. Mais rien n'était tranché.

Quand le Premier consul prend le pouvoir en 1799, ce soldat est attendu par certains comme un libérateur, par d'autres comme un propagateur des idées nouvelles. Le 13 octobre 1806 encore, à Iéna, voyant passer l'Empereur à cheval, Hegel a ce mot célèbre : « J'ai vu l'Empereur – cette âme du monde » ! Le rôle d'émancipateur des peuples, Napoléon l'a parfois revendiqué, rarement quand il les soumettait, mais assurément dans ses *Mémoires*, transcrits par Las Cases, dans un prodigieux exercice d'interprétation et de réécriture immédiate de l'histoire. Après lui, ses thuriféraires ont prolongé cette thèse et certains, aujourd'hui, la maintiennent encore. Elle ne résiste pas à l'examen des faits. Napoléon n'a émancipé aucun peuple, ni le sien qu'il a dominé, ni les autres qu'il a soumis.

L'écho de la Révolution française en Europe était puissant : l'abolition des privilèges, la chute de la monarchie, la Déclaration des droits de l'homme et du citoyen, l'affirmation d'élites nouvelles, la transformation des liens entre les individus avaient changé le visage de la France. Elles dessinaient une perspective possible pour l'Europe.

Et justement, le général brillant de la campagne d'Italie, qui défait les troupes des despotes en même temps qu'il promet à la France la tranquillité publique et la paix (ce qui rassure sur le continent), apparaît comme l'héritier de la Révolution (sans l'anarchie), un porteur des idées nouvelles et, qui sait, un possible libérateur. Lui-même, au début, joue parfois avec cette espérance.

De fait, l'Europe d'alors n'est pas qu'immobilité et conservatisme. En certains lieux, dans certains cercles, déjà, elle bouge. En Hollande, en 1786-1787, une « Révolution batave » s'est produite contre le stadhouder ; elle a été écrasée par Frédéric-Guillaume II de Prusse. Mais en 1794, le général français Pichegru, aidé par la légion batave de Daendels rallié à la Révolution, l'emporte. Une République batave, République-sœur de la République française, est instaurée. Une alliance lie les deux pays.

Dans la mosaïque des États de l'Italie, nombreux sont

les « patriotes ». Partisans des idées nouvelles, inspirés par la Révolution française, ils aspirent aux réformes et rêvent à l'unité de l'Italie. On les trouve dans le grand-duché de Toscane, où le grand-duc Pierre Léopold, sensible aux idées nouvelles, avait tenté d'établir une Constitution ; dans le Piémont, où ils espèrent renverser la monarchie. Ils sont dans les États du pape ou encore à Naples, où se sont formés des clubs « jacobins ». Ils ont été pourchassés, maltraités pendant les treize mois qui séparent les défaites des Français en Italie en 1799 et leur retour victorieux avec le général Premier consul, ces « treize mois » pendant lesquels la réaction a triomphé partout et pris sa revanche. Ces patriotes espèrent de ce soldat et homme d'État français le respect des principes nouveaux : la liberté des peuples, la reconnaissance des frontières naturelles, pour eux aussi.

En Allemagne, c'est-à-dire dans la multiplicité des États de langue allemande, les idées neuves cherchent aussi à se frayer un chemin. En Autriche, le plus réactionnaire des États, dans la Hongrie qu'elle possède, des procès ont été organisés contre des cellules « jacobines » liées parfois aux loges maçonniques. En Prusse, il existe un parti français, attaché aux idées des Lumières et qui souhaite une réforme rationnelle de l'État et de la société. Fichte, alors admirateur des apports de la Révolution de 1789, ne s'est pas encore enflammé contre la France. En Saxe, une révolte paysanne a éclaté en 1790 contre les excès des droits féodaux. Leipzig est un des centres de l'*Aufklärung* allemand. Ailleurs, dans la Pologne partagée, dans la Grèce sous domination ottomane ou même dans les villes de la Norvège sous la tutelle danoise, les idées de la Révolution française soulèvent un espoir.

Bien sûr, n'exagérons pas l'influence dans les pays d'Europe des cercles favorables aux idées nouvelles. L'essentiel de l'aristocratie reste attaché à ses privilèges et une partie de la bourgeoisie craint les désordres. Les tenants du changement et des réformes sont souvent coupés des milieux populaires, en particulier des paysans lorsqu'ils sont sous l'influence étroite de l'Église, elle-même très soucieuse de conserver l'ordre ancien. Mais, partout, des forces de mouvement existent et il serait possible de les mobiliser ou de les conforter. Le génie militaire de Napoléon, la puissance de la France, l'attraction qu'exercent les idées de 1789 ouvrent de grandes possibilités. À l'opposé, agrégées autour des États monarchiques, les forces conservatrices sont puissantes. Et on pourrait alors en tenir compte. Or Napoléon ne choisira, en Europe, ni une stratégie d'émancipation pariant sur les forces et les idées nouvelles, ni une stratégie d'État réaliste intégrant des adversaires et des alliés stables.

Le blocage des idées libérales en Europe

Napoléon se veut modernisateur. Par goût de la rationalité, pour étendre l'influence française, par tempérament uniformisateur, l'Empereur implante le nouveau droit français, celui du tout récent Code civil. Il le fait en premier lieu dans les territoires transformés en départements de l'Empire, également dans les États vassaux ou alliés, voire – quand le temps lui est donné – dans des pays qu'il vainc provisoirement. Ainsi, il contribue à affaiblir l'ancien ordre féodal, à le réformer et à répandre les modes d'organisation d'un

État moderne. Par ricochet, y compris dans des pays rétifs à l'influence française, des modernisations sont conduites, souvent pour retourner contre le conquérant ses propres armes. C'est le cas en Prusse. Des réformes timides sont introduites en faveur de la paysannerie, les roturiers sont acceptés dans l'armée. Sous l'influence de l'autre Humboldt, Guillaume, des évolutions sont engagées dans l'enseignement et une université est ouverte à Berlin en 1810. Mais la société d'ordres reste en place et, si l'État central est techniquement modernisé, il reste conservateur dans son inspiration politique.

Or l'Empereur lui-même bloque les idées libérales en Europe. Pensons au cas exemplaire de l'« État modèle » westphalien, déjà évoqué. Cet État, construit un peu artificiellement, est conçu comme un rempart contre la Prusse. Napoléon installe à sa tête, en 1807, son plus jeune frère Jérôme, personnalité légère et inconséquente. Pourtant, il veut faire de cet État inspiré du modèle français une référence pour l'Allemagne. Des fonctionnaires remarquables y sont placés afin de réformer une administration plutôt consentante. Les territoires sont divisés en départements, arrondissements, cantons et communes. Des préfets et des sous-préfets sont installés. Les corporations sont supprimées et le droit d'entreprendre est affirmé. L'égalité des citoyens devant la loi est proclamée et les serfs acquièrent la liberté personnelle. L'égalité religieuse est établie et les juifs sont émancipés.

L'expérience de l'État modèle sera pourtant conduite à l'échec. En effet, l'État est pressuré financièrement par la France et la moitié des terres domaniales est donnée en propre à l'Empereur (pour doter ses grands serviteurs français). L'application du Blocus continental ruine les échanges traditionnels de la région avec les pays voisins, rendant plus difficile l'émergence d'une bourgeoisie marchande ou entrepreneuriale. La transformation des campagnes n'est pas amorcée. En somme, si le droit est changé en surface, les conditions politiques, économiques et financières d'une « révolution libérale » ne sont pas mises en place par l'autorité impériale. L'État modèle est tué dans l'œuf par celui-là même qui l'a conçu. S'il restera une trace de l'esprit de réforme, la Westphalie en tant qu'entité nationale possible disparaît, englobée par la Prusse après la défaite, en 1813.

Le Premier consul (puis l'Empereur) déçoit les « patriotes » italiens. Pourtant, sauf la Sicile et la Sardaigne, toute l'Italie est dès 1800 sous influence française. La République cisalpine, créée en 1797 avec Milan pour capitale et disparue sous les coups des Austro-Russes en 1799, est rétablie sous le nom de République italienne en 1802. Mais trois ans plus tard, cette république devient le royaume d'Italie dont Napoléon se déclare roi et dont son beau-fils, le prince Eugène, est le vice-roi ! Parallèlement, le Piémont, qui aurait pu être uni à la République cisalpine – dans la perspective d'une unité italienne – ou, à défaut, devenir lui-même une république, est purement et simplement annexé à la France. De la même manière, la République ligurienne, figure récente de l'ancienne république de Gênes, reçoit le statut de département français. Quant à la Toscane, elle est donnée en 1802 à Louis de Bourbon, gendre du roi d'Espagne, en compensation de la rétrocession de la Louisiane à la France ! En 1808, après la victoire sur la troisième coalition, la Toscane sera bientôt rattachée à l'Empire (avant d'être, formellement, érigée en grand-duché en 1809, pour complaire à l'aînée des sœurs de Napoléon, Élisa). Le royaume de Naples n'échappera pas au népotisme de l'Empereur et aux prétentions dynastiques cultivées pour sa famille. Ce royaume, allié des Autrichiens, ayant été vaincu par une armée française commandée par Joseph Bonaparte, celui-ci est fait roi de Naples par l'Empereur, avec l'acceptation de l'aristocratie et de la bourgeoisie locales. Le nouveau roi abolit la féodalité, mais sans supprimer pour autant tous les droits seigneuriaux et sans que les paysans puissent véritablement, comme nombre l'avaient pu en France, accéder à la propriété.

Ainsi, n'ayant jamais eu pour perspective l'unité de l'Italie, l'Empereur ne laisse à aucun des trois grands ensembles (les « départements » français, le royaume d'Italie, celui de Naples) l'autonomie politique et la liberté de décision indispensables à des « révolutions libérales ». Napoléon n'offre aux patriotes qui ont cru en lui – et dont Stendhal nous trace, sous les traits de Fabrice del Dongo, une figure naïve et fervente – que deux perspectives : la confrontation avec l'autocratisme français moderne et le combat contre les archaïques despotismes italiens. Pas plus qu'il n'accepte l'affirmation des idées libérales ou démocratiques en France, l'Empereur n'est décidé à en tolérer l'expression de l'autre côté des Alpes. Dans la même logique, il ignorera le mouvement des nationalités.

L'ignorance du mouvement des nationalités

C'est pendant la période napoléonienne que le mot « nationalité » – lequel aura une si grande fortune au XIXᵉ siècle – prend place dans le vocabulaire politique. Dans la vision française, celle d'un pays depuis longtemps constitué en État-nation (déjà sous la monarchie, même si le peuple y est sujet), la nation est, après Rousseau et avec la Révolution française, fondée sur l'adhésion commune à un contrat. Le contrat social fonde la souveraineté de la nation : le pouvoir doit émaner d'elle. D'où, on l'a vu, l'embarras de Napoléon à l'égard de la question de la légitimité. La relation charismatique censée l'unir au peuple tend à supplanter le principe de la souveraineté du peuple. L'approche allemande est assez logiquement différente, puisque les Allemands ne sont pas politiquement rassemblés dans un seul État mais dispersés dans un grand nombre d'entités étatiques. La langue et la culture sont le contrat implicite des Allemands.

On sait que, dès la Révolution, il y a une ambiguïté de la prétention libératrice de la France. Libère-t-elle ou domine-t-elle ses voisins ? Napoléon Bonaparte va rapidement lever le doute. En Europe, partout où des espoirs d'émancipation se sont levés, il va les décevoir. Il n'est pas un libérateur mais un conquérant. Il n'unifie pas en Italie, il ne libère pas les Polonais. Il ajoute des départements à l'Empire ou il crée des protectorats.

Le Grand Empire qu'il édifie ne peut, à l'évidence, être un État-nation. Mais il ne le conçoit pas non plus selon une structure « fédérale », ce qui serait logique pour un ensemble vaste et disparate, si celui-ci était pensé comme une entité politique durable. Il l'organise comme l'objet d'une conquête, dirigé illusoirement selon un ordre pyramidal et voué à marcher sous la férule d'un despote, tant qu'il survit. Les mouvements nationaux n'ont évidemment pas leur place dans cette construction. Napoléon ne les voit pas. S'il les voit, il les néglige. Et s'ils s'affirment, il les combat.

D'ailleurs les peuples n'intéressent pas l'Empereur. Rompant avec le message de la Révolution et de la République, il restaure la relation traditionnelle de souverain à souverain, effaçant un acteur dont il ne veut pas : le peuple. Cette approche comble chez lui deux penchants : le goût de la puissance et l'obsession dynastique. Alors qu'il domine l'Europe, il ne cesse d'aspirer à être reconnu par les grandes familles régnantes, qu'il méprise, qu'il vainc et… qu'il envie.

Démonstratif est le cas de la Pologne. En 1795, sous l'effet du troisième partage du pays, ce qui reste de la Pologne vient d'être rayé de la carte. Les victoires de Bonaparte permettent de rebattre les cartes. Les patriotes polonais, dont beaucoup se sont réfugiés à Paris, manifestent leur attachement à la France et leur espoir en Bonaparte en s'enrôlant pendant la guerre en Italie dans les légions polonaises. Or ces troupes seront envoyées à Saint-Domingue combattre les Noirs révoltés et beaucoup de ces soldats mourront des fièvres, loin de la patrie qu'ils espéraient voir renaître.

Napoléon n'a, semble-t-il, jamais eu l'intention de reconstituer la Pologne, même s'il a joué avec cette idée au départ pour entraîner des hommes derrière lui. Il en a à l'évidence la force. Celui qui a su imposer la naissance d'un État artificiel avec le royaume de Westphalie, pour des populations qui ne l'avaient pas demandé, peut tout à fait, s'il en a le projet, favoriser la renaissance dans son État de la nation polonaise. Bien que les aristocraties polonaises, éclatées sous trois férules, restent accrochées à leurs privilèges même dans la soumission, le peuple rêve de l'unité et ses éléments les plus déterminés sont prêts à combattre. Mais Napoléon refuse la possibilité de recréer, à l'encontre des démembrements autrichien, prussien et russe, un État polonais cohérent et ami. L'idéalisme novateur aurait pourtant servi les intérêts de la France.

Les mêmes espoirs seront déçus en Roumanie où la Transylvanie est sous domination autrichienne et où la Valachie comme la Moldavie sont sous occupation ottomane. Les idées de 1789 y sont accueillies avec passion. De Napoléon, on attend l'unité, l'indépendance ou, à tout le moins, la fin des droits féodaux. Il reste sourd à ces attentes. Il en ira de même pour les Serbes courbés sous le joug ottoman : dans ses projets contre les Russes, l'Empereur préfère ménager les Turcs.

On pourrait donner d'autres exemples de cette indifférence impériale aux mouvements des nationalités. Peut-être ceux-ci étaient-ils incompatibles avec l'idée d'Empire ou nourrissaient-ils chez Napoléon la crainte des peuples. En tout cas, s'il avait agi consciemment pour l'unité italienne ou reconstitué la Pologne avec son État, il aurait été un refondateur de l'Europe. Ce ne fut pas le cas. Faute d'être pris en compte, le mouvement des nationalités renaîtra plus tard sous la forme des nationalismes.

Le paradoxe napoléonien est que, en refusant de faire sa place à l'idée nationale, le conquérant la répandra contre lui et contre la France : la « Grande Nation ». L'évolution des esprits, en Allemagne, est à cet égard éclairante. Des hommes comme Ernst Moritz Arndt, Johann Philipp Palm – qui sera arrêté puis exécuté –, le pasteur Schleiermacher, Fichte, bien sûr, dans ses célèbres *Discours à la nation allemande*, dès les années 1805-1807, déplorent l'abaissement de la « nation alle-

L'EUROPE SUBJUGUÉE

mande » ; ils l'appellent à lutter contre la France dominatrice afin de se constituer elle-même.

Napoléon pourrait, s'il pensait pour la France en
stratège, utiliser les contradictions en Allemagne, respecter les penseurs de la modernité qui, tels Fichte
au début et Goethe, s'étaient épris des idéaux de la
Révolution française. Ce parti affaiblirait les dynasties
régnantes et fournirait des points d'appui à l'influence
française. Pourtant cela impliquerait deux conditions
auxquelles il lui est impossible de souscrire : ne point
assujettir, admettre la contradiction. Or l'Empire, dans
sa logique même, est dominateur et prédateur. Exigeant
des indemnités, accaparant des domaines, levant des
impôts, spoliant des États ou des peuples de leurs
chefs-d'œuvre et de leurs richesses, pillant pour nourrir
ses troupes, enrôlant des hommes, le pouvoir impérial
indigne ou décourage les élites et provoque la colère
ouverte ou la sourde rancœur des peuples. Là où le
conquérant passe, de tenaces sentiments francophobes
resteront, souvent longtemps.

User des contradictions entre les États, les classes,
les groupes ou les minorités dans les pays conquis et
les sociétés ébranlées par son passage impliquerait que
le vainqueur les admette. Or tout chez lui s'y refuse :
sa personnalité, impulsive, sa conception de l'autorité, sans partage et son système politique, despotique.
D'ailleurs, comment saurait-il accepter dans l'Empire
ce qu'il ne tolère pas en France même ? Napoléon peut
être réaliste et pragmatique. Il n'a rien d'un idéologue.
Mais il n'a ni la souplesse ni l'ouverture aux autres
qui sont nécessaires pour les constructions complexes.
Certains de ses compagnons ou de ses proches, soudain
plongés dans des réalités nationales autres que celles

101

de la France, l'éprouvent. Ainsi Louis en Hollande, Murat à Naples ou Bernadotte en Suède. Cependant peu sont en situation de résister à l'Empereur ou de s'émanciper. Car la résistance lui est insupportable. C'est pourquoi l'épreuve espagnole sera pour lui une expérience presque incompréhensible.

L'épreuve espagnole

1808. Napoléon prend trois risques majeurs en Espagne : renier une alliance, changer le roi, ignorer le peuple. L'alliance datait d'un demi-siècle. Transformer l'Espagne en ennemie, alors que l'objectif est de s'assurer que le Portugal garantira l'efficacité du blocus anti-anglais, est absurde. D'un point de vue cynique, les Espagnols peuvent tout à fait trouver intérêt à s'en charger. Envahir l'Espagne pour assurer ses arrières vis-à-vis du Portugal est une imprudence.

Le deuxième risque est de s'arroger le droit de défaire et de faire le roi d'Espagne. Et d'employer pour cela la ruse et la trahison. À l'époque, un fait s'impose dans ce pays : la détestation de la population, aristocratie et peuple confondus, pour Godoy, le favori de la reine, à qui le roi Charles IV laisse le pouvoir, son fils Ferdinand piaffant d'impatience de l'occuper. Quitte à intervenir, le choix d'évidence serait d'écarter Godoy en s'attirant ainsi la reconnaissance des Espagnols.

Or ce n'est pas le parti que prend Napoléon quand l'occasion s'offre à lui. Le 18 mars 1808, alors que les Français arrivent vers Madrid, se produit la « conjuration d'Aranjuez ». Des éléments du peuple ameutés par des nobles assaillent la résidence du favori Godoy et le mettent en fuite. Le lendemain Charles IV, conspué, abdique et Ferdinand est proclamé roi dans la liesse. Si l'on en juge par le comportement autoritaire et rétrograde de Ferdinand VII une fois établi sur le trône en décembre 1814 – il est vrai six ans plus tard et dans un autre contexte –, on a du mal à penser que ce « choix » est pertinent. Mais il est celui des Espagnols, et Ferdinand se prétend favorable à la France. Napoléon, loin de reconnaître la nouvelle situation, fait dire que Charles IV reste l'autorité légitime. Stupeur et colère à Madrid ! Au lendemain du 1ᵉʳ mai où Murat défile au Prado, une émeute se déclenche dans la capitale contre les soldats français et Murat la réprime. Ce sont les fameux *El Dos de Mayo* et *El Tres de Mayo* que peindra Goya… en 1814. Cette émeute urbaine va déboucher sur une guerre meurtrière qui ravagera le pays pendant six ans.

À la brutalité Napoléon ajoute en effet la traîtrise. À la conjuration d'Aranjuez répond le « guet-apens » de Bayonne. La famille royale espagnole ayant été amenée à l'Empereur dans cette ville française, les deux souverains en conflit sont l'un et l'autre abusés et poussés à abdiquer. Frappé par l'impéritie des deux hommes et aveuglé par l'esprit de domination, Napoléon se laisse aller à croire que chasser les Bourbons du trône d'Espagne sera sans conséquence. Le 7 juin 1808, Joseph Bonaparte, jusque-là roi de Naples, est sommé de devenir souverain d'Espagne. Une « assemblée nationale » espagnole ratifie ce choix le 7 juillet. Ce qui ne veut pas dire qu'il est accepté.

Le troisième risque pris par l'Empereur, comme je l'ai souligné, est de sous-estimer la volonté du peuple de résister. Et de mésestimer la complexité de la société et de la vie politique espagnoles du temps. Au plan militaire, on le sait, il croit que le tout-venant de ses soldats suffira pour vaincre une armée faible et des bandes dispersées de « rebelles ». Ils n'y parviennent pas. L'Empereur devra venir commander lui-même avec de meilleures troupes de novembre 1808 à janvier 1809 pour redresser un temps la situation. Mais celle-ci ne se stabilisera jamais et l'effondrement se produira en 1813. Faute d'unité dans le commandement, que le roi Joseph n'a pas la capacité militaire d'assumer, de troupes suffisantes, et surtout en raison de la résistance farouche des populations espagnoles, qui mènent des actions de guérilla, la guerre sera perdue. Les Français auront laissé sur le terrain près de deux cent mille des leurs et Napoléon son prestige, peut-être son honneur. Seul le maréchal Suchet, qui ne connut pas la défaite en Catalogne, par le contrôle de ses soldats et sa sage administration, gardera le respect de la population.

Si l'échec est militaire, l'erreur est politique. Elle tient à l'absurdité de la politique espagnole de l'Empereur. Or personne autour de lui n'a assez d'audace, de lucidité, d'influence pour l'en faire changer. Pourtant des opportunités existaient sans doute pour une politique plus ouverte, plus intelligente et plus habile. La figure emblématique de Goya illustrera mon propos. En raison de son statut de peintre de la cour, puis du *Dos de Mayo*, le grand peintre espagnol pourrait apparaître comme un partisan de l'Espagne traditionnelle et un adversaire de la France. Or, il n'est rien de tel. Son admiration et sa compassion vont au peuple. Il le montre dans les gravures des *Désastres de la guerre*. Certes, il ne fait pas partie des *Afrancesados*, ces partisans des Français, considérés par leurs compatriotes comme des traîtres – même s'il devra se justifier de sa conduite après la défaite française auprès des nouvelles autorités. Mais il compte assurément parmi les *Ilustrados*, ces personnalités libérales influencées par les idées des Lumières. Goya est déchiré entre son attrait pour les idées nouvelles apportées par la France et son patriotisme qui le dresse contre l'occupant. Après le retour de Ferdinand VII, déçu de ne pas voir se réaliser ses espoirs de monarchie constitutionnelle, inquiété par l'Inquisition, il quittera l'Espagne en 1824 pour Bordeaux où il mourra en 1828.

À l'image de Goya, l'Espagne de l'époque est complexe. Elle est loin de constituer un bloc homogène, réactionnaire et uni derrière son roi – d'ailleurs, lequel ? Et puis quel bloc, dans l'Espagne de toutes les Espagne ? En 1810, à Cadix – qui n'est jamais occupée par les Français – se sont réunies des Cortes. Convoqués par la junte centrale qui coordonne la lutte des juntes locales dressées contre les occupants, des représentants de toutes les provinces espagnoles (et même de l'outre-mer) se retrouvent. Or si certains de ces représentants prônent le retour à l'absolutisme des Bourbons (principalement dans les rangs de l'aristocratie et de l'Église), d'autres sont animés par l'esprit des Lumières, d'autres veulent même introduire des réformes inspirées des débuts de la Révolution française. Leurs travaux débouchent sur la Constitution de 1812 qui, fondée sur le principe nouveau de la souveraineté nationale, prévoit une monarchie constitutionnelle régie par la séparation des pouvoirs. Des libertés individuelles nouvelles sont affirmées. C'est cette Constitution que Ferdinand VII abrogera dès son retour au pouvoir en mai 1814, avant de se livrer à la répression non seulement contre les *Afrancesados* mais aussi contre les libéraux. D'où le désespoir de Goya.

Il y a donc, dans l'Espagne des années 1808-1810, des forces intellectuelles et sociales disponibles pour accueillir et peut-être soutenir une autre politique française. Pour exercer une influence, la France devait exclure la domination. Joseph en a l'intuition et entreprend des mesures utiles de modernisation mais, soumis à l'Empereur et coupé des élites espagnoles par son statut de roi imposé de l'étranger, il ne peut convaincre. Quant à Napoléon, il ne conçoit pas qu'une politique d'entente modernisatrice soit possible. Une fois encore il agira – lui qui par son statut est les deux – plus en militaire (qui combat l'ennemi) qu'en politique (qui sait ménager un peuple). La guerre d'Indépendance espagnole se terminera en 1814 par un désastre pour la France, Wellington ralliant Bordeaux aux Bourbons et l'emportant à Toulouse. Elle débouchera sur une régression pour l'Espagne, Ferdinand VII, le prisonnier docile, devenant un autocrate obscurantiste. Ce seul épisode devrait suffire pour tempérer l'admiration vouée à Napoléon. Plus largement, constatons qu'il ne saura jamais gagner des amis durables à la France.

*La situation impossible
des amis de la France*

Si le cas espagnol est exemplaire, on retrouve ailleurs l'impossible contradiction dans laquelle la nature prédatrice de l'Empire place les amis de la France partisans des idéaux de 1789. Dans tous les pays où les troupes de Napoléon pénètrent, des personnalités éclairées, parfois même des fractions de la société sont écartelées entre leur aspiration à la modernité et leur réflexe patriotique. À l'exception de certains opportunistes et de quelques idéologues sincères, ils choisiront leur patrie, privant la France d'amis et de relais.

Partout, le processus est le même. Les idées nouvelles venues de France sont accueillies favorablement dans les cercles éclairés et aussi dans une partie du peuple qui espère la fin des droits féodaux. Napoléon est porteur de cette espérance. Puis viennent les exactions ou les pillages des soldats, l'entretien coûteux des troupes d'occupation ou de passage, l'imposition de lourdes contributions, les contraintes du blocus, les enrôlements plus ou moins forcés de jeunes, la constitution de fiefs locaux pour la famille de l'Empereur, ses chefs militaires ou les dignitaires français. Les yeux se dessillent et l'espoir retombe. Pour les adeptes des idées nouvelles, l'embarras devient cruel.

Or Napoléon n'a pas le souci de ménager ces soutiens potentiels. Certains d'entre eux deviendront des adversaires farouches, d'autres se détourneront. J'ai parlé de Goya, évoquons Beethoven. Il est favorable aux idéaux de liberté de la Révolution française et souhaite que leur esprit souffle sur Vienne. En 1804, voyant en Napoléon l'héritier de la Révolution, il écrit en son honneur la *Troisième Symphonie* qui deviendra l'*Héroïque*. Mais le grand compositeur est un patriote. Voir Vienne soumise et humiliée lui est insupportable. Après l'espérance, puis le malentendu, viennent le retournement et le rejet. Beethoven, tout en gardant sa fidélité aux idéaux de la Révolution française, ne pardonnera jamais à Napoléon – dont le sacre comme Empereur l'avait ulcéré – de l'avoir déçu. Je ne peux m'empêcher de voir aujourd'hui, dans le choix de la *Neuvième Symphonie* comme hymne européen, le symbole d'une Europe qui aurait pu, à l'époque, prendre un autre cours. Napoléon frustrera les partisans des idées nouvelles sur tout le continent. A-t-il au moins conduit, sur le terrain du réalisme d'État, une politique cohérente ? On peine à en retrouver les axes, hors de la logique de la toute-puissance.

Le faux-semblant
de la « troisième Allemagne »

Dans ses rapports aux autres États européens, Napoléon ne choisit pas des amis et des ennemis stables pour fonder une politique durable. Selon sa vision du moment ou en réaction aux initiatives des autres, il change d'alliés et d'adversaires. Ils seront donc tous, ou presque, à tel ou tel moment, des ennemis.

Ainsi se dissipera le rêve d'une « troisième Allemagne ». Le projet initial a du sens : faire naître au sud, entre l'Autriche et la Prusse conservatrices et hostiles à la France, une Allemagne différente, plus ouverte aux idées nouvelles, plus amicale et rassemblant une mosaïque d'États. C'est ce que Napoléon entreprend en 1806 avec la Confédération du Rhin, après la victoire d'Austerlitz. Seize États puis bientôt vingt-trois autres, parmi les plus importants desquels la Bavière, la Saxe, le Wurtemberg et la Westphalie, sont invités à se rapprocher. L'Empereur s'institue leur « protecteur ».

Malheureusement, Napoléon a de cette Confédération une approche avant tout militaire : elle est une alliance dans laquelle la France doit être en position dominante.

Il s'agit d'édifier un glacis et d'interposer des États tampons entre la France d'un côté, et l'Autriche et la Prusse de l'autre. La Confédération doit fournir des troupes pour les armées impériales et entretenir celles qui sont présentes sur les territoires de ses membres. L'Empereur n'a guère de chances de s'assurer durablement la fidélité d'États ainsi traités.

Quant à la vision politique, elle est traditionnelle et conservatrice. Certes, les multiples princes souverains de la Confédération ne sont guère désireux d'accueillir les idées de 1789. Napoléon à cet égard les rassure. Non seulement il ne pratique aucun prosélytisme en faveur de régimes républicains – la France est devenue un Empire – mais il marie systématiquement certains de ses proches avec des descendants des rois ou princes régnants. Là encore, l'obsession monarchique se concilie mal avec l'idée de répandre les idées nouvelles. Même le Code civil, par lequel il veut moderniser et unifier le nouvel ensemble, a du mal à s'instaurer face à la réticence des princes.

Il n'y aura dans la Confédération du Rhin ni transformations sociales ni changements politiques. Alors qu'en France, tout en la domestiquant politiquement, Napoléon n'interrompt pas la révolution économique et sociale bourgeoise, dans la Confédération du Rhin, les structures sociales anciennes restent en place. Les princes et l'aristocratie parviennent à sauver le système féodal. La domination extérieure n'ouvre pas la porte à une transformation intérieure.

Dans ce nouvel ensemble, rien n'est entrepris pour doter la Confédération d'une identité commune, par exemple à travers des structures fédérales. Les princes, il est vrai, ne le souhaitent pas, y voyant un risque pour leur souveraineté. Mais, quand Napoléon entend vaincre une résistance, il le fait. Là, il ne le veut pas.

Peu enclin à la diffusion des idées nouvelles, Napoléon réagit avec brutalité aux expressions politiquement hostiles ou même dissonantes. Ainsi, un éditeur de Nuremberg, Johann Philipp Palm, qui a publié un pamphlet antifrançais, est condamné par un conseil de guerre français et fusillé en août 1806, sur ordre exprès de l'Empereur à Berthier. La Bavière s'indigne et bon nombre d'intellectuels jusque-là favorables se détournent de Napoléon. L'armée française est désormais considérée comme une armée d'occupation, et non comme l'armée d'un pays ami. Aujourd'hui, il existe toujours en Allemagne une fondation Palm qui décerne un prix pour la liberté d'opinion et de presse…

Dans sa courte vie, la Confédération du Rhin n'aura pas le bénéfice de bouleversements sociaux ou d'un débat politique qui auraient pu être un levain en Allemagne. Elle subit en revanche l'épreuve de la domination économique. Non seulement elle doit prendre sa part de l'effort de guerre napoléonien, mais elle n'est jamais considérée comme une entité économique dont les intérêts propres seraient ménagés. Le blocus est appliqué brutalement, dans la Confédération comme ailleurs. En outre, par une décision arbitraire et purement protectionniste, les produits manufacturés qui en proviennent sont prohibés dans l'Empire. Devant la contrebande qui se développe partout, l'Empereur ordonne, en 1810, de détruire ou brûler tous les produits anglais trouvés dans le vaste ensemble. Les populations sont évidemment exaspérées. Dépourvue des liens politiques qui auraient pu la souder, la Confédération n'obtient pas non plus l'unité économique : les États membres continuent à être séparés par des barrières douanières.

Peut-être le temps a-t-il manqué pour que s'ébauche cette « troisième Allemagne » : la Confédération n'a vécu que sept ans, de 1806 à 1813. Napoléon est un météore, et non une planète attirant des satellites. Sa tentative n'aurait eu de chances de réussir que si les parties de l'ensemble voyaient leurs intérêts respectés, bénéficiaient d'une réelle autonomie politique et étaient conduites à forger une identité commune. Cela ne pouvait se faire sous une étroite domination étrangère et dans l'iniquité économique. Une fois encore, par sa pratique, Napoléon contrarie son propre projet. Il en ira de même en Bavière.

En 1805, sous la pression de l'Empereur, l'électorat de Bavière devient royaume. Maximilien Ier a combattu les armées révolutionnaires françaises dans les rangs autrichiens, mais il craint la domination de l'Autriche. Dès le Consulat, il répond favorablement aux avances de la France. Les Autrichiens ayant occupé Munich le 14 septembre 1805 et Napoléon l'ayant libérée le 24 octobre, l'alliance franco-bavaroise se noue. Bientôt, malgré quelques réticences de caste côté munichois, Maximilien accepte de donner en mariage sa fille Augusta au fils adoptif de Napoléon, Eugène de Beauharnais. La France dispose alors d'un allié de poids.

Comme ailleurs, Napoléon va gâcher son projet. Les liens dynastiques ne protègent pas la Bavière des levées de troupes, de l'engrenage des guerres, des contributions financières, des conséquences négatives du blocus, ni de l'iniquité dans les relations commerciales avec la France. Enfin, en 1810, le mariage de

Napoléon avec Marie-Louise d'Autriche crée le doute dans l'esprit du roi de Bavière sur les intentions de l'Empereur à l'égard de l'Autriche. La désaffection gagne alors la Bavière et son roi. Après la retraite de Russie et au moment où commencent les combats en Allemagne, Metternich parvient à détacher Maximilien de l'alliance française. Le plus puissant État de la Confédération du Rhin, dont Napoléon était le « protecteur », pour bonne part contre l'Autriche, devient le protégé de celle dont on le protège ! La situation s'est retournée au détriment de la France. Cette attitude contradictoire de l'Empereur à l'endroit de la Confédération du Rhin ou de la Bavière, on en retrouve d'autres exemples en Europe.

L'Europe des contradictions napoléoniennes

Au premier rang des contradictions de la politique napoléonienne se situe l'Autriche, dont une princesse devenue reine de France avait été guillotinée sous la Terreur. De la Révolution à la fin de l'Empire, l'Autriche sera l'adversaire la plus résolue de la France. Elle participera à pas moins de seize campagnes ! L'empereur François est totalement hostile aux idées nouvelles que, dans son style dominateur, Napoléon est supposé propager en Europe. L'Autriche est plusieurs fois battue par Napoléon et se voit retirer des territoires. Vienne est occupée à deux reprises. Or, c'est à la famille régnante de ce pays hostile que Napoléon choisit tardivement de s'unir, dynastiquement, en épousant Marie-Louise. Il n'avait pourtant pas, auparavant, suivi l'orientation – d'ailleurs discutable – que Talleyrand lui avait suggérée en complicité avec Metternich : celle d'une alliance privilégiée de la France avec l'Empire austro-hongrois, face à la Prusse et à la Russie, autour d'une politique d'ordre en Europe. Napoléon avait trop bouleversé le continent pour y tolérer un autre ordre que le sien. Seulement, si l'Empereur a remporté tant de batailles, il perd la dernière – contre son beau-père ! –, celle qui ouvre la France aux armées ennemies et va lui faire perdre la partie. Le monarque le plus conservateur d'Europe l'emporte sur l'empereur le plus perturbateur.

La politique napoléonienne vis-à-vis de la Prusse n'est pas plus cohérente. Entre 1803 et 1805, il tente en vain un rapprochement avec Berlin. En 1805, après Austerlitz, la Prusse se résout à une alliance avec la France (tout en traitant secrètement avec la Russie). Mais après la reprise de la guerre en 1806 et l'écrasement des Prussiens à Iéna et à Auerstaedt, la Prusse est littéralement démembrée au traité de Tilsit en juillet 1807, au profit du nouveau venu westphalien. Elle est écrasée de charges par l'occupant français parvenu jusqu'à Berlin.

Or, contrairement à la situation en Autriche, il existe un parti français en Prusse, guidé par le rationalisme des Lumières, inspiré par les idéaux de la Révolution française et qui veut moderniser le pays, réformer la bureaucratie, réduire les privilèges de l'aristocratie. Cruellement déçus par la brutalité de la politique napoléonienne, nombre de ces libéraux seront hostiles à Napoléon – à l'exception de Goethe sans doute. Napoléon a éveillé contre la France le patriotisme allemand et, avec Fichte, le nationalisme, sans avoir ébranlé l'absolutisme prussien. Dans les guerres de libération de 1813, l'Allemagne se dégage du joug français mais continuera à subir celui de l'autoritarisme interne.

À l'égard de la Russie, Napoléon n'est ni plus clair ni plus constant. La Russie est une puissance, par sa population, son étendue, sa capacité d'influence à l'ouest et vers le sud, ses poussées expansionnistes. Ses soldats ont mieux tenu le choc que les Autrichiens et les Prussiens face à ceux de l'Empereur. Napoléon apprécie cette puissance, tout à la fois tenté de se mesurer et de s'allier à elle, en particulier contre l'ennemi anglais. Paul Ier, le tsar assassiné dans la nuit du 23 au 24 mars 1801, ne lui avait-il pas promis vingt mille cosaques pour conquérir l'Inde ? Composer ou combattre ? Napoléon fera les deux avec Alexandre Ier, le successeur de Paul. Plus hostile que son prédécesseur à la France napoléonienne, le nouveau tsar, qui participe à la troisième coalition, ne sera pas pour l'Empereur un interlocuteur complaisant.

Pourtant, après les défaites de l'Autriche (à Austerlitz) et de la Prusse (à Iéna et à Auerstaedt), l'entrée de Napoléon à Berlin, le début du Blocus continental et les terribles combats d'Eylau et de Friedland, le Tsar se résout aux discussions avec la France qui conduisent à l'entrevue d'Erfurt et au traité de Tilsit. Les deux hommes se sont plu et le Tsar a, paraît-il, été subjugué par Napoléon. Pas au point toutefois de marier sa très jeune sœur à l'Empereur ni d'accepter les propositions du chef français de partager avec lui l'Europe et la proche Asie en zones d'influence. Le Tsar, dont la cour est très hostile au perturbateur français, veut bien composer mais non être entraîné dans un aléatoire condominium. Les querelles reprennent entre les deux souverains, sur tel enjeu territorial ou à propos du Blocus continental. L'Empereur crée l'irréparable en 1812 en envahissant la Russie. Il s'y perdra.

Même si Napoléon ne semble pas s'être beaucoup intéressé à la situation politique intérieure russe, il y exercera une influence, négative. L'archaïque géant russe est dans un de ces moments où il pourrait sortir de l'immobilité. Le très jeune Alexandre Ier, entouré de proches amis, a laissé espérer aux élites éclairées et aux jeunes réformistes de l'aristocratie une modernisation de l'administration et peut-être même une évolution constitutionnelle tolérant un certain parlementarisme aristocratique, à l'anglaise. Le nom de Speranski est associé à cette tentative finalement avortée.

Napoléon n'est pas étranger à cet échec, indirectement. Vainqueur des armées russes en Allemagne, puis envahisseur de la terre sacrée, il est haï dans les cercles conservateurs et provoque, au-delà, une réaction patriotique qui se tourne contre les idées nouvelles, considérées comme françaises. Il sert de prétexte au refus de la modernité. Qui sait même si le déclin de la langue française, si prisée de l'aristocratie russe, n'a pas commencé avec le rejet de Bonaparte... Vaincu, il cèdera le devant de la scène européenne au Tsar, entré à son tour dans la capitale de l'ennemi, Paris, qui se posera en libérateur de l'Europe et en promoteur d'une Sainte-Alliance conservatrice. En Russie, c'en est fini des velléités réformatrices. La censure est de retour. L'éducation est reprise en main. L'absolutisme règne à nouveau. Faute que la société civile puisse être entendue, des sociétés secrètes de jeunes officiers aspirant au changement apparaissent. Tout cela débouchera en 1825 sur l'écrasement de l'insurrection décembriste par Nicolas Ier, le successeur d'Alexandre. La Russie a manqué une occasion historique de se réformer.

L'Angleterre est le seul pays vis-à-vis duquel la politique de Napoléon n'a jamais varié. En dehors de l'intermède de la paix d'Amiens (1802-1803), il la considère continûment comme son ennemi principal et elle le lui rend bien. L'Angleterre ne veut tout simplement pas laisser la France dominer l'Europe. Le malheur pour l'Empereur est que cet ennemi primordial est celui qu'il ne sait pas vaincre, parce qu'il ne peut pas le saisir. Il bat maintes fois ceux que l'Angleterre dresse contre lui et finance mais jamais l'Angleterre. Sans doute n'aurait-il pas fallu choisir cet adversaire inatteignable comme ennemi obsessionnel. Ni lui offrir, par tant de guerres menées sur le continent contre tant d'ennemis, tant d'occasions de peser sur le destin de la France. Car si l'Angleterre – au sein de laquelle existe un parti libéral point hostile à la France nouvelle – est ébranlée et plusieurs fois menacée par l'épreuve de force napoléonienne, elle sait tenir bon jusqu'au succès final. Inabordable sur mer, elle est inaccessible sur terre, où elle n'ira que dans la deuxième phase de l'Empire pour éprouver les armées françaises en Espagne et les vaincre en Belgique. À défaut de composer avec cette puissance montante, la plus évoluée politiquement en Europe avec la France, et même en la combattant, il aurait été prudent de la part de l'Empereur de ne pas l'inquiéter si fort dans les lieux qu'elle considérait comme névralgiques (Anvers ou Lisbonne par exemple) et de circonscrire ses propres ambitions. Mais Napoléon n'était pas enclin à ces restrictions.

C'est ainsi que le Portugal devient un enjeu stratégique. Jean VI, le prince régnant, intègre la traditionnelle influence anglaise sur son pays. Mais il comprend
l'événement historique que représente la Révolution en
France. Il est prêt à ménager la puissance française
pour peu qu'on ne l'oblige pas à rompre avec l'Angleterre. Emporté par sa politique de Blocus continental
total contre l'Angleterre, l'Empereur ne lui laisse pas
mener ce jeu subtil. Avec l'Espagne – contre qui il
se retournera ! –, il veut obliger Jean VI à déclarer la
guerre à l'Angleterre. Le roi portugais partira au Brésil
pour maintenir la maison de Bragance. La désastreuse
guerre d'Espagne en résultera.

En Hollande, à l'égard de son frère Louis devenu roi,
qui veut défendre les intérêts de ses sujets, à Naples
où Murat et son épouse Caroline entreprennent de
moderniser le royaume, en Suède aussi, quand Bernadotte devient régent, l'Empereur fait preuve du même
autoritarisme, ne comprenant pas ou n'admettant pas
que les dirigeants de pays amis ou alliés aient besoin
d'autonomie et qu'on ménage les intérêts des territoires
qu'ils administrent.

Au bout du compte, et quels que soient les moyens
employés – l'annexion, la vassalisation, l'intimidation –,
la France de Napoléon n'avait pas la force d'unifier
durablement l'Europe sous sa férule. Aurait-elle pu
être une inspiratrice et un arbitre ? Très certainement.
Mais ce n'était ni le tempérament ni l'ambition de
l'Empereur.

Napoléon n'a pas soutenu en Europe les forces de
transformation qui existaient partout, à des degrés
divers. Il n'a pas su non plus fixer à sa puissance
des fins réalistes susceptibles d'être tolérées par les

autres et d'être rendues pérennes. Il a dressé contre lui à la fois les forces du changement et celles du conservatisme, finalement au profit des secondes. Il a bouleversé l'Europe plus qu'il ne l'a changée. La glaciation de 1815 est le fruit logique et amer de sa colossale et vaine entreprise.

4

La France défaite

L'Empire disparaît

Après le désastre de la retraite de Russie, en novembre 1812, tout se joue en un an. La Prusse, puis l'Autriche déclarent la guerre à la France. Napoléon remporte des batailles contre les Prussiens, sans les vaincre. Du 16 au 19 octobre 1813, il perd à Leipzig, en Saxe, la « bataille des Nations » contre les Prussiens et les Autrichiens. L'Allemagne sous emprise française se défait. L'Espagne, puis la Hollande sont perdues. Murat fait défection en Italie. Les Alliés peuvent envisager d'attaquer la France chez elle.

En 1814, la campagne de France conduit les armées alliées victorieuses (autrichienne, prussienne et russe) jusqu'à Paris. L'Empereur, qui n'a pu rassembler toutes ses forces, dispersées en Europe dans les diverses places fortes de l'Empire, et qui a en vain manœuvré et combattu, est vaincu. Le 31 mars, Joseph Bonaparte, à qui Napoléon a laissé la lieutenance générale de l'Empire, quitte Paris et le maréchal Marmont capitule. Pour les Alliés, être à Paris, c'est effacer l'entrée des troupes françaises à Vienne, à Berlin et à Moscou.

L'acte politique qui scelle la défaite militaire est

l'abdication. Poussé par ses maréchaux, qui cette fois n'obéissent plus mais décident, Napoléon Ier, le 6 avril 1814, renonce au pouvoir. Un mois plus tard, il est à l'île d'Elbe. Cette abdication, exigée par les Alliés, est lourde de sens. Quand les armées de François Ier, de Frédéric-Guillaume III ou d'Alexandre Ier avaient été vaincues, ces monarques étaient restés en place : leurs pays sont défaits, pas les régimes qu'ils incarnent. Leur légitimité n'est pas en cause. Sans doute Napoléon a-t-il écarté les Bourbons, à Naples ou en Espagne, et les Bragance du Portugal – qui d'ailleurs reviendront. Mais il n'a pas touché aux dynasties des toutes premières puissances. Il a au contraire voulu s'allier avec elles.

L'empereur français, lui, doit partir et son régime finir. L'hypothèse d'une régence de Marie-Louise et d'une succession par son fils, le roi de Rome (bientôt duc de Reichstadt), n'est pas sérieusement envisagée, même par son grand-père, l'empereur d'Autriche. Napoléon doit renoncer sans rien pouvoir transmettre. Sans doute parce qu'aux yeux des monarques, il est l'« usurpateur ». Mais plus encore, parce qu'il est un danger pour la paix. Avec lui, il n'y a pas d'ancêtres à ménager, pas de continuité à préserver, pas de compromis possible. S'il est l'héritier de la Révolution, il ne peut rester. S'il n'est qu'un conquérant vaincu, son sort est de disparaître. Et l'Empire, son œuvre, doit être effacé.

De fait, hors de France, l'Empire bâti en dix ans, au prix de tant de guerres, de batailles et de sang, s'effondre en quelques mois. Les départements établis en Hollande, en Belgique, en Suisse, en Italie, en Illyrie, en Catalogne ne sont plus qu'une fiction. Les États dépendants, tels le Portugal, l'Espagne, les royaumes de Naples ou d'Italie ont été libérés ou se sont émancipés.

La Confédération du Rhin n'est plus, le grand-duché de Varsovie est occupé par les Russes. Les pays alliés, comme la Suède et la Norvège, ont rompu leur lien avec la France. Que l'Empire en Europe fonde au feu des défaites est logique. Qu'il disparaisse en France en tant que régime politique n'est pas joué. Si les institutions, les corps constitués, l'armée, le peuple se soudent dans le pays autour de leur Empereur, les Alliés se trouveront, sinon militairement au moins politiquement, dans un grave embarras.

Or, personne, pas même l'Empereur, n'envisage une telle éventualité. Le 2 avril 1814, le Sénat, pourtant gavé d'honneurs et de gratifications sous l'Empire, vote la déchéance de l'Empereur. Le 3 avril, le Corps législatif va dans le même sens. Les deux assemblées en appellent à Louis XVIII. Le 4 avril, ce sont les maréchaux réunis autour de Napoléon qui le pressent d'abdiquer, ce qu'il fait, le 6 avril. Le 20 avril, il fait ses adieux et part pour l'île d'Elbe. Quant au peuple, découragé par les guerres, travaillé ici ou là par les sociétés royalistes, assommé par la défaite, il ne bouge pas. L'invasion de 1814 se fait sans la moindre opposition des populations civiles françaises. Comme si l'ampleur et la durée des guerres extérieures avaient découragé les Français de se prêter à une guerre intérieure.

Certains disent que l'Empereur a été trahi. Sans doute y a-t-il, en ces journées, une atmosphère pénible de curée : soudain, de plats courtisans dénoncent, des institutions muettes proclament, des chefs de guerre dociles exigent, des dignitaires comblés prennent langue avec le pouvoir monarchique qui s'annonce. Ils savent que tout est perdu. Dans ce climat, il est esthétiquement réconfortant de noter que quelques personnalités, pourtant hostiles au despotisme, tels l'abbé Grégoire ou Carnot, se refusent à sonner l'hallali avec les autres.

En réalité, Napoléon n'est pas trahi, il est abandonné. Brusque, autocrate, ne souffrant ni critique ni observation, il n'a pas établi – malgré l'admiration et les dévouements qu'il a suscités – des liens politiques et humains authentiques et solides avec ceux qui étaient les acteurs ou les soutiens de son régime. Il a caporalisé ses généraux, domestiqué ses dignitaires, soumis les assemblées, mis aux ordres les préfets et les recteurs, obligé l'Église au culte de l'Empereur, déçu les notables à qui il avait promis la paix, et tenu le peuple en lisière, pour le traiter durement au moindre mouvement.

Ainsi se révèle, en 1814, la fragilité d'un régime fondé sur le despotisme d'un homme. En quelques jours, presque en quelques heures, une légitimité se défait, des liens d'allégeance ou de soumission se dénouent ; les fidélités mêmes ne résistent pas à la brutalité du retour au réel. La défaite signifie la chute du régime. Cette évidence, Napoléon va pourtant la dénier, dans un dernier combat, face aux dirigeants de l'Europe qui se sont assemblés en congrès, à Vienne.

Le congrès de Vienne et l'ordre européen

Cependant que l'Empereur – à qui on a laissé son titre – est à l'île d'Elbe, ses vainqueurs décident du sort de la France et de la réorganisation de l'Europe.

Avec la France écrasée, les Alliés sont mesurés. Peut-être est-elle protégée par les désaccords entre les vainqueurs, une certaine prudence vis-à-vis de l'imprévisible peuple français, une forme de respect pour celui qu'ils ont craint et qui les a hier vaincus, par une adhésion, enfin, au principe de légitimité que Talleyrand, dès les premiers contacts, avance comme un viatique. Les dirigeants des puissances savent aussi que la France sera appelée tôt ou tard à jouer un rôle dans l'équilibre des forces qu'ils recherchent en Europe.

En tout cas les vainqueurs ménagent la France. Depuis le 3 mai 1814, Louis XVIII est à Paris : Talleyrand, à la tête du gouvernement provisoire, a préparé son retour. Le nouveau pouvoir renonce aux places et ports occupés par la France depuis 1792, marquant ainsi l'intention d'un repli sur les frontières de l'Ancien Régime. Dans le traité de paix de Paris, signé le 30 mai 1814, il n'est question ni de démembrement territorial, ni de remboursement à la Prusse des sommes énormes qu'avait exigées d'elle Napoléon Ier, ni d'indemnités de guerre, ni même de restitution des œuvres d'art pillées. Quand il avait, hier, vaincu ses vainqueurs d'aujourd'hui, l'empereur français s'était montré plus implacable.

Mais l'essentiel pour les Alliés, après avoir écarté l'« ennemi et perturbateur du repos du monde » est d'enserrer la France dans un filet de puissances moyennes destinées à la contenir. Il est aussi de réfléchir à l'équilibre européen. Quant aux gains territoriaux ou aux positions stratégiques, ils seront à trouver, pour l'essentiel, hors de la France métropolitaine. Ce sera l'affaire du congrès de Vienne.

Le congrès s'ouvre en novembre 1814 avec pour objectif central, après les secousses révolutionnaires et l'aventure napoléonienne, d'opérer un retour à l'ordre en Europe en recherchant « le juste équilibre des puissances ». Cela suppose d'être en mesure de limiter et de contrôler les ambitions de la France. Lors du complexe exercice diplomatique qui va durer huit mois, trois cents délégations sont présentes. Les quatre puissances, l'Angleterre, l'Autriche, la Prusse et la Russie, qui ont gagné la guerre contre la France, entendent dominer les débats et diriger le congrès. Chacune des quatre a bien sûr sa vision du « juste équilibre » et entend recevoir le prix des épreuves subies, des sacrifices consentis et des victoires remportées. Cela se chiffrera en territoires, en populations et en positions stratégiques. Outre les vainqueurs – qui discutent entre eux et… se disputent –, quatre autres pays, l'Espagne, le Portugal, la Suède et… la France, signataires également du traité de Paris, joueront un rôle significatif. La France, bien qu'elle soit vaincue et cible des discussions, se fait entendre dans ce « concert européen » en raison de son poids spécifique et grâce aussi à l'habileté diplomatique de Talleyrand.

Un témoin célèbre, le prince de Ligne, a écrit dans une lettre au début de l'exercice : « Le congrès danse, il ne marche pas. » Ce n'est vrai qu'en partie. Sans doute les fêtes, les dîners et les bals sont-ils nombreux. Cela était l'usage chez les aristocrates qui à nouveau donnent le ton, et il est bon d'indiquer aux peuples que la paix et l'ordre sont revenus. Et puis, il faut occuper les nombreuses délégations dont la part au festin diplomatique est modeste.

Pour autant, sous le regard des rois et des princes dont ils tiennent la main, les chefs de délégation avancent au sein des conférences particulières (réservées aux quatre, puis aux huit, et à leurs invités). De multiples comités spécialisés, y compris la fameuse Commission statistique, qui soupèse le nombre des populations attribuées ou transférées, travaillent sur les dossiers. Il y a des bruits de guerre entre Alliés, à propos de la Saxe, convoitée par la Prusse, et de la Pologne, exigée par le Tsar. On progresse pourtant sur la prochaine organisation de l'Allemagne, sur la future configuration de l'Italie, sur la meilleure façon d'écarter désormais toute menace française. On piétine peut-être, mais on avance. C'est alors qu'éclate le coup de tonnerre du retour en France de Napoléon.

L'impasse des Cent-Jours

Si l'Empereur est libre à l'île d'Elbe, sa propriété, il lui est interdit – selon les termes de son abdication – de se rendre en Italie et en France. Constamment espionné, il est furieux que le nouveau pouvoir à Paris ne lui adresse point les premiers deux millions de francs annuels promis au traité de Fontainebleau. Il connaît les difficultés rencontrées par le roi restauré. Sachant aussi qu'à Vienne on discute de son sort (certains, en particulier les Anglais, le trouvent trop près de son pays), il décide de regagner la France pour y jouer son destin.

Metternich apprend à Vienne, le 7 mars 1815, que Napoléon n'est plus à l'île d'Elbe : il a débarqué à Golfe-Juan le 1er mars. Débute alors le mouvement que les royalistes appelleront les « Cent-Jours » et les bonapartistes « le vol de l'Aigle ». Après une marche d'abord heurtée et indécise, puis triomphale, l'Empereur arrive à Paris le 20 mars. Louis XVIII a déjà gagné Gand depuis la veille.

La partie que Napoléon engage jusqu'à sa chute, cette fois ultime, est impossible à gagner, politiquement comme militairement. Le revenant le sait, sans doute. Politiquement, la fuite des Bourbons et l'enthousiasme plus ou moins organisé de quelques faubourgs de la capitale ne doivent pas faire illusion. La province reste rétive et les possédants sont effrayés. Les Alliés n'accepteront pas que la France vaincue se donne à nouveau à leur ancien vainqueur.

Et puis, quel type de régime instaurer ? Le retour à l'Empire absolu ? Il est impossible, du moins tout de suite : l'opinion ne suivrait pas et les moyens de la convaincre manquent. Un gouvernement de combat appuyé sur « le petit peuple » ? Celui-ci est le seul à s'être en partie rallié. Mais cette solution est précaire et Napoléon ne veut pas être le « roi d'une jacquerie ». Un Empire libéral, constitutionnalisé et rassurant ? C'est la voie que l'Empereur emprunte en demandant à Benjamin Constant, son adversaire politique libéral de longue date, de rédiger un projet de Constitution. Ce texte, amendé par Napoléon lui-même, devient l'Acte additionnel aux Constitutions de l'Empire. Si la continuité avec l'Empire est rappelée, la novation s'affirme dans le caractère parlementaire, libéral et conservateur des institutions envisagées. On ne saura jamais – dans l'hypothèse où Napoléon aurait pu durablement se rétablir – si celui-ci aurait accepté longtemps que perdure une construction politique si éloignée de ses vues.

En réalité, la nature du régime provisoire instauré à Paris est bâtarde. Napoléon n'a pas clos il y a quinze ans la Révolution pour aujourd'hui en déclencher une autre. La légitimité postrévolutionnaire et néo-monarchiste de son pouvoir ne suffit pas à le protéger. Il a besoin de s'appuyer sur l'espérance de nouvelles victoires. Là s'engage la partie militaire.

Arrivé aux Tuileries, l'Empereur a bien essayé de prendre contact avec les diverses chancelleries pour leur assurer qu'il bornerait désormais ses ambitions. Mais d'autres déclarations démentent ses propos. Tout contact lui est refusé. Les Alliés ne laissent à Napoléon d'autre choix que de capituler ou de se battre. Rassemblés à Vienne, avec leurs chefs d'État présents et en mesure de se concerter, ils ont pris la décision de le combattre frontalement. Napoléon n'opte pas pour la guerre en France, dans la position de l'assiégé, en cultivant un réflexe patriotique de résistance nationale. Peut-être craint-il l'effet dévastateur d'un envahissement sur une opinion incertaine. Sans doute est-il porté par l'habitude de l'offensive. Il pense aussi que son intérêt est d'affronter les armées ennemies, particulièrement anglaise et prussienne, avant qu'elles n'aient opéré leur jonction. En tout cas, il préfère tenter de redevenir un général victorieux sur une ancienne terre d'Empire plutôt que d'incarner en France la défense de la patrie. Il se porte vers l'ennemi en Belgique. Tout se jouera à Waterloo le 18 juin 1815.

Longtemps on a expliqué cette défaite mémorable par des erreurs ou des malchances telles, devenues légendaires, l'absence de Grouchy et l'arrivée de Blücher… Ensuite, des historiens ont invoqué le rôle de la pluie qui, sur un sol détrempé et montant, a transformé en désastre la charge de la cavalerie. La réalité est que, face à la disproportion des forces en présence et compte tenu de ce qu'était devenue la Grande Armée, cette bataille aurait sans doute été perdue de toute façon. Ou sinon celle-ci, la prochaine. Et en tout cas la guerre. Ce qui reste des armées françaises se replie derrière la Loire. Quant à l'Empereur, après sa seconde abdication, le 22 juin 1815, son sort est scellé. Sa tentative désespérée s'avère deux fois négative : il a aggravé la situation de la France ; il sera désormais le prisonnier humilié des Anglais.

La France est traitée beaucoup plus durement par les Alliés après ce nouvel épisode guerrier. Le sentiment d'avoir été trompés, la crainte éprouvée, la mauvaise surprise d'avoir vu la population française accepter froidement le départ des Bourbons créent, dans les grandes capitales européennes et au sein du congrès réuni à Vienne, une envie de châtiment.

La punition militaire est venue assez vite : moins de quatre mois après son débarquement en France, Napoléon a été écrasé à Waterloo, le 18 juin 1815. Sept jours avant, le 11 juin, le congrès de Vienne avait été déclaré clos et ses dispositions arrêtées avant même que soit encore remportée la victoire décisive sur Bonaparte. C'était marquer que sa défaite était certaine et que son sort ne pouvait plus peser sur le destin de l'Europe. L'Empereur déchu va partir deux mois plus tard, dépouillé de son titre, proscrit, prisonnier des Anglais, pour l'île lointaine de Sainte-Hélène.

Il reste à tirer, à l'encontre de la France, les conclusions politiques de l'épisode. Elles sont sévères, comme le montre le second traité de Paris, le 20 novembre 1815. Dès le retour des troupes alliées dans la capitale, une commission des Quatre est créée pour administrer le territoire français occupé. La France, qui cette fois n'est pas partie au traité, perd quelques nouvelles possessions : la Savoie, des places fortes en Belgique et en Sarre. Une indemnité de sept cents millions de francs lui est imposée. Elle doit prendre en charge pendant cinq ans une force d'occupation de cent cinquante mille hommes. Une Commission de surveillance de la France, composée des ambassadeurs de la Quadruple-Alliance, siège à Paris pour surveiller les agissements et la vie gouvernementale du pays. Fort attentive à sa tâche, elle se réunira régulièrement jusqu'en 1818 ! Pour un temps, la France est exclue du jeu européen. En 1815, le bilan de l'Empire est sombre.

L'échec extérieur français

À l'extérieur, l'immense construction impériale a disparu mais la France a gardé ses frontières d'avant la Révolution. En dix ans avoir tant conquis, avoir bouleversé l'Europe, avoir connu la gloire avec ce fabuleux empereur ne serait-ce pas une aventure féconde ? Peut-être pour ceux qui aiment les épopées écrites avec le sang des autres, même s'il n'en reste rien sinon des haines durables. Pour ceux qui, comme moi, cherchent plus simplement à estimer si une telle épopée a servi les intérêts de la France, la réponse est clairement non.

Il y a les espérances déçues. La Révolution a transformé le visage de la France et marqué les esprits. Il y a bien eu avant elle, en Angleterre, l'*habeas corpus* (de 1679) et l'évolution vers le parlementarisme. Mais la justice reste féroce avec le peuple et le Parlement est toujours sous le contrôle de l'aristocratie. Sont survenues aussi la révolution américaine, l'indépendance des treize colonies arrachée à l'Angleterre (en 1783), la naissance d'une république (en 1787). Mais cela se passe de l'autre côté de l'Atlantique et concerne des hommes qui ont fui notre continent.

Qu'une révolution se produise en Europe, chez une grande puissance qui était jusque-là l'archétype de la monarchie absolue, est un tout autre événement. De nouveaux principes philosophiques ont été affirmés, les Droits de l'homme ont été proclamés en France. Des débats passionnés ont fait résonner les idéaux de la Révolution française à travers l'Europe, dans les couches éclairées et aussi dans le peuple.

Certes, le geste presque inconcevable du jugement et de la mise à mort d'un roi, au nom du peuple, a stupéfié. Le sang de la Terreur et ses exécutions fratricides ont soulevé la crainte et parfois la répulsion. Mais cela a pu résulter de l'exaltation momentanée des passions, de la tension née des menaces de l'insurrection intérieure et de l'encerclement extérieur. D'ailleurs, cette période n'a duré qu'un an (de 1793 à 1794) jusqu'au Directoire. Sans doute ce nouveau régime était-il faible, corrompu (ce sont les mœurs du temps) et tenté par quelques gains territoriaux. Il témoignait en tout cas d'un apaisement de la Révolution.

D'ailleurs, les acquis de cette révolution sont impressionnants : la disparition de la société d'ordres, la fin des privilèges nés de la naissance, l'égalité civile, les grandes libertés personnelles, le droit de propriété, l'accès à la terre pour les paysans, la légitimité du débat public, le principe de la souveraineté du peuple comme fondement de la légitimité du pouvoir, enfin son corollaire, le droit de vote, même censitaire. Pour les autres pays le message est fort. La France va certainement évoluer, à travers quelques soubresauts, vers une république parlementaire animée par des bourgeois modérés. Protégés par les libertés, animés par l'envie de créer et d'entreprendre, ceux-ci vont tirer leur pays vers la prospérité.

Et puis, l'influence de la France est grande en Europe. En elle vibre encore l'énergie révolutionnaire. Si elle est une menace pour les rois, elle est aussi une puissance motrice, dont les idées provoquent des discussions dans toutes les capitales, et parfois dans les cours. On peut espérer que soient progressivement soldés les affrontements guerriers entre cette France nouvelle et les puissances traditionnelles – elles-mêmes confrontées à des aspirations internes. Une fois ajustés les inévitables rapports d'État à État, pourrait peut-être commencer en Europe, non point une idylle, mais un processus complexe de confrontations et de dialogues.

L'irruption dans la vie politique française, puis dans l'espace continental, de Napoléon Bonaparte provoque un tournant historique. Appelé pour rétablir l'ordre et garantir la paix, ce général, poussé par sa volonté de pouvoir absolu, son désir de conquête et son aspiration à la gloire, va dans un même mouvement domestiquer la France et la jeter à l'assaut du continent.

Pour la France, dans sa relation à l'Europe, les conséquences seront lourdes. Elle pouvait être inspiratrice, voire émancipatrice, en tout cas exercer une influence fertile. Elle devient, avec Napoléon, dominatrice, prédatrice et meurtrière. Elle diffuse les idées nouvelles avec parcimonie, préférant souvent, on l'a vu, maintenir en place des régimes et, sinon, des structures sociales anciens. Quand ses principes de liberté des peuples ou de souveraineté nationale sont revendiqués, c'est souvent contre elle, en tout cas contre son oppression. Elle nourrit des frustrations et elle est souvent détestée, parfois même haïe, pour les formes brutales de sa domination. Or ces sentiments de rejet persisteront longtemps dans les capitales et les peuples, suscitant, comme en Allemagne, de sourds désirs de revanche.

Aux espérances déçues s'ajoutent des pertes très sévères. Il y a d'abord les lourdes pertes humaines, sur lesquelles les historiens parfois divergent. Pour la France, c'est au minimum 600 000 hommes qui ne reviendront pas de la guerre. C'est presque la moitié des pertes des Européens. Cela représente environ une année de naissances perdue. Ceci n'explique pas entièrement la modération de la croissance démographique française au début du XIXe siècle, qui a aussi des causes culturelles. Mais cette saignée d'hommes jeunes aura pesé. D'ailleurs, dans la période de l'Empire, la France se tiendra au dernier rang de la croissance de la population en Europe (29,1 millions d'habitants en 1800, 30,3 millions en 1815) alors que les îles Britanniques – qui ont engagé peu d'hommes dans les guerres sur le continent – connaissent l'essor le plus rapide (8,6 millions en 1801, 10,6 millions en 1816). Décidément, là aussi, la période de l'Empire aura plus profité à l'Angleterre qu'à la France.

Enfin, dix ans de guerres, de conquêtes et une domination établie sur un tiers de l'Europe ont pour tout dénouement des amputations de territoires. Rien ne sera conservé des prises de l'Empire. Les frontières naturelles, ce but de la diplomatie révolutionnaire avancé en réplique aux monarchies, avaient été pratiquement admises. La puissance d'une France qui aurait limité ses ambitions aurait sans doute permis de pérenniser cet objectif. Tout cela est balayé en 1815. La France est ramenée par les autres États à ses frontières d'Ancien Régime. Moins les colonies naturellement, sur lesquelles Albion a mis la main : l'île de France (l'île Maurice), Sainte-Lucie et Tobago, les Seychelles, la plupart des comptoirs de l'Inde. Encore faut-il noter que l'Angleterre, réaliste et se satisfaisant de contrôler les grandes routes maritimes, rétrocède unilatéralement à la France des territoires – l'île

Bourbon (la Réunion), la Martinique, la Guadeloupe, la Guyane, Saint-Pierre-et-Miquelon et cinq comptoirs en Inde – que Louis XVIII aurait été bien en peine de reconquérir. L'échec de l'Empereur signe naturellement la victoire de ses ennemis.

Les succès des adversaires de Napoléon

Il y a un paradoxe dans le destin de Napoléon Bonaparte. L'Empereur envahit, occupe, parfois démembre les États dont il fait ses adversaires, à l'exception de l'Angleterre. Il les vainc maintes fois. Mais il ne peut les vaincre tous, tout le temps. Et, au bout du compte, lorsqu'il est vaincu, ce sont eux qui se trouvent renforcés. C'est à leur profit que le congrès de Vienne reconfigure la carte de l'Europe en 1815.

L'Autriche est bien servie. Elle est épuisée, éprouvée mais victorieuse. Elle retrouve pratiquement tous les territoires dont elle a été chassée ou privée. Surtout en Italie, ce qui l'ouvre à nouveau vers le sud et la mer. La Lombardie (autour de Milan) et la Vénétie (avec Venise), réoccupées, redeviennent possessions de l'empereur d'Autriche sous la forme d'un royaume lombardo-vénitien. Le royaume de Piémont-Sardaigne (avec au cœur Turin), qui bloque la France, est rendu à Victor-Emmanuel qui récupère Nice, une partie de la Savoie et annexe la Ligurie (dont l'ancienne république de Gênes). Un Habsbourg est placé à la tête d'un grand-duché de Toscane restauré. Un autre devient le souverain du duché de Modène. L'Autriche a totalement repris pied dans le nord de l'Italie où les rêves d'unité ont été brisés.

Au cœur de l'empire des Habsbourg, en Allemagne, la situation est plus contrastée. Car là s'affirment les prétentions du voisin prussien, y compris à diriger l'Allemagne – ses exigences sur la Saxe l'ont montré. L'Autriche elle-même ne peut guère réclamer là des gains territoriaux. En s'appuyant ouvertement sur l'Angleterre et même secrètement sur la France (qui ainsi revient dans le jeu), et en agitant un moment des menaces de guerre au sein du congrès de Vienne, l'empereur d'Autriche et Metternich limiteront les espérances de la Prusse sur la Saxe.

La Prusse pour autant n'a pas lieu de se plaindre. Entré dans les guerres de coalition en 1806, Frédéric-Guillaume III a été durement défait par Napoléon. Son pays a été occupé et démembré. Mais ses armées reconstituées en secret prennent une part décisive aux défaites napoléoniennes lors de la campagne d'Allemagne, de France et, bien sûr, à Waterloo. La Prusse ne garde pas tous les territoires acquis en Pologne et n'obtient que la partie nord de la Saxe. Mais elle qui était jusque-là cantonnée à l'est de l'Allemagne débouche à l'ouest, obtient la Westphalie et l'essentiel de la Rhénanie. C'est un changement majeur en Allemagne et, pour la France, sans doute l'un des points les plus noirs du bilan napoléonien.

L'Autriche et la Prusse s'entendent pour créer une Confédération germanique, même si leurs arrière-pensées divergent sur la question de savoir qui la guidera. Trente-deux souverains (dont ceux de Bavière, Saxe, Hanovre, Wurtemberg, Bade…) et quatre villes libres retrouvent des parties de l'Autriche et de la Prusse, dans une structure souple (avec une assemblée presque fédérale, le *Bundestag*). Par un renversement de perspective et du rapport des forces, la « troisième Allemagne », que Napoléon avait voulu bâtir contre l'Autriche et la Prusse, se réalise autour d'un tout autre dessein, sous la tutelle de ces deux pays. L'histoire se montre décidément cruelle à l'égard des projets de l'ancien conquérant. Sous l'influence de l'Autriche de Metternich (restée réactionnaire) et de la Prusse (où les modernisateurs ont perdu la partie), les idées libérales, qui se feront jour dans plusieurs États, seront réprimées. La Confédération va suivre un cours très conservateur.

La Russie connaît une évolution similaire : l'expansion à l'extérieur, la réaction à l'intérieur. Alexandre Ier, qui se voit comme le grand artisan de la victoire sur Napoléon, entend obtenir les fruits de son engagement et les reçoit en Pologne et en Finlande. En Russie, les illusions libérales du début se dissipent. Le tsar, dans les dix dernières années de son règne (il meurt en 1825), perfectionne la machine bureaucratique du pays et déçoit les espoirs de réforme des cercles éclairés. Il réprime très durement les mouvements au sein de l'armée. La Russie, qui veut exercer une influence sur l'Europe, va rester un bastion de l'autoritarisme.

L'Angleterre, la dernière des quatre puissances victorieuses de Napoléon, est la grande gagnante des guerres napoléoniennes. Elle a affirmé très tôt sa suprématie sur les mers, partiellement dès l'expédition d'Égypte avec Aboukir, et totalement après Trafalgar, un gros mois avant Austerlitz. Elle peut donc choisir ce qui l'intéresse dans les empires coloniaux français et hollandais. Cette suprématie lui permet surtout de conjurer la menace considérable que fait peser sur elle le Blocus continental, face auquel elle joue presque sa survie. Malgré ses difficultés budgétaires, et en utilisant avec audace les nouveaux instruments du crédit – ce que Napoléon, plus orthodoxe, se refusera à faire –, elle finance des guerres sur le continent (avec les fameux « cavaliers de Saint-Georges ») là où elle hésite à envoyer ses soldats peu nombreux. À la fin, elle descendra sur le terrain, en Espagne (en 1814), puis en Belgique (en 1815) pour porter les coups décisifs contre l'Empire vacillant.

À l'opposé de Napoléon, l'Angleterre se montre pleinement réaliste pendant toute la période de l'affrontement. Elle se détourne des conquêtes sur le continent pour lesquelles elle ne se sait pas faite, même si elle cherche à contrôler les Bouches-de-l'Escaut. Elle économise ses forces. Elle se trouve des alliés et pousse les autres à agir. Aussi, l'adversaire majeur de Napoléon sera le bénéficiaire principal de l'ébranlement impérial. En 1815, elle réalise ses buts de guerre. Elle a le contrôle des principales routes maritimes, elle peut faire son marché dans les possessions coloniales françaises, elle enserre la France dans un filet de puissances voisines, elle installe la Prusse sur le Rhin, comme un utile contrepoids à la France, même si elle le regrettera sans doute plus tard.

Napoléon a ainsi permis à l'Angleterre de devenir la première puissance européenne. Albion est prête à se lancer dans ses deux accomplissements du siècle, d'ailleurs liés entre eux. L'un est intérieur : la révolution industrielle ; l'autre est extérieur : l'impérialisme mondial. La France avait de remarquables atouts pour être la première puissance du XIXe siècle commençant : la taille, la population, l'influence de la langue, le niveau scientifique, la modernisation de ses structures par la Révolution, l'anticipation des nouvelles aspirations de la bourgeoisie montante et la capacité à mobiliser un peuple. Avec l'Empire, elle les gâche, offrant la première place à l'Angleterre.

Ailleurs en Europe, parmi les pays que les quatre puissances placent au second rang, les restaurations prévalent. Les dynasties chassées par Napoléon renaissent. C'est le cas en Espagne où le médiocre et réactionnaire Ferdinand VII, faisant fi du patriotisme montré par son peuple, tourne le dos aux aspirations démocratiques des Cortes. Il pourchasse les *Afrancesados* mais aussi les libéraux, dont beaucoup devront quitter leur pays pour la France ou l'Angleterre. Symbolique à cet égard est le sort d'un homme comme Espoz y Mina, grand combattant contre les troupes impériales, rallié à la cause libérale et obligé de fuir en Angleterre, puis en France. L'Inquisition est rétablie. L'autoritarisme le plus rétrograde se réinstalle. L'Espagne est, une fois encore, bloquée dans son mouvement vers la modernité.

D'autres familles régnantes reviennent. Au Portugal, Jean VI, qui semble se plaire au Brésil, mettra dix ans pour rejoindre Lisbonne, poussé par les mouvements insurrectionnels qui surgissent dans la colonie sur un fond d'aspiration indépendantiste. À Naples, une fois réglé le sort de Murat, Ferdinand IV de Bourbon retrouve son royaume et réinstalle la réaction. En Piémont-Sardaigne, Victor-Emmanuel Ier rentre à Turin et restaure l'Ancien Régime. En Hollande, Guillaume d'Orange, appuyé par la Prusse et l'Angleterre, fait son retour mais, quant à lui, mène une politique prudente en conservant une bonne part des changements juridiques introduits dans la période napoléonienne.

Il y a enfin les illusions perdues. Au sein des premières puissances et des pays vassaux de la France où des aspirations libérales s'étaient manifestées, il est malaisé de mesurer l'ampleur des déceptions. Des projets émancipateurs avaient été parfois rejetés par les masses paysannes, même avides de terres, quand elles étaient enserrées dans les liens féodaux et soumises étroitement à l'influence de l'Église. Et puis, les idées de progrès, souvent identifiées comme françaises, étaient dévalorisées par le rejet de l'occupant. En tout cas, il est certain que les espoirs éveillés dans des minorités actives s'éteignent lors du mouvement général du retour à l'ordre en Europe.

La déception est profonde dans les pays qui aspiraient à devenir ou à redevenir des États. Les conquêtes de Napoléon Bonaparte y ont au début fouetté le sentiment national. Dans la Pologne écartelée, en Serbie ou en Grèce soumises au joug ottoman, dans les provinces illyriennes régies par l'Autriche, ce n'est pas seulement un intérêt pour la modernité que l'Empire frustre mais une aspiration collective à l'existence nationale. Et là, le désespoir est grand. Il sera source de futures révoltes et l'un des ferments du mouvement des nationalités au XIXe siècle en Europe.

L'empereur français n'est évidemment pas comptable des décisions du congrès de Vienne et encore moins de leur mise en œuvre ultérieure. Mais il en est la cause et, à son corps défendant, l'inspirateur. Sa figure absente hante les travaux du congrès. Il n'est donc pas pertinent de camper Napoléon en « victime » du congrès de Vienne et de transformer le proscrit de Sainte-Hélène en héros de la liberté, en émancipateur des peuples, en révolutionnaire, en républicain abattu par les monarques. Les souverains, il a voulu être un des leurs ; la liberté, il l'a confisquée ; les peuples, il les a soumis ; la Révolution, il l'a close ; la République, il lui a substitué l'Empire.

Si l'Europe se fige au lendemain de l'aventure impériale alors qu'en bien des lieux elle aspire à changer, c'est qu'un continent ne peut se transformer par la conquête, mais seulement grâce à des mouvements autonomes, authentiques, nationalement acceptés. Or ces mouvements, le conquérant français les a étouffés ou contrariés.

Quant à la France elle-même, elle va devoir composer avec le mélange d'admiration et de détestation, de crainte et de nostalgie que la fulgurante trajectoire de Napoléon laisse en dépôt dans la mémoire de son peuple.

Le trouble intérieur français

Le long épisode césariste qui a succédé à la phase révolutionnaire laisse la France en plein doute sur son identité politique. La toute récente légitimité révolutionnaire et démocratique a été dissoute par l'Empire : l'esprit républicain n'inspire plus que de petits cercles. Les conditions de la défaite, la pression des puissances monarchiques et le processus politique qui, d'en haut et avec Talleyrand à la manœuvre, a permis la Restauration n'ont laissé à la République, en 1815, aucune opportunité de renaître.

De son côté, l'ancienne dynastie des Bourbons n'a pas d'assises solides. Il a fallu s'y prendre à deux fois pour la restaurer. Elle n'est pas portée par une aspiration populaire. Née des tractations des puissants, elle a fait retour à Paris en même temps que les armées étrangères. Bien sûr, il y a des royalistes en France. Certains se sont ralliés à l'Empire, par opportunisme, par résignation et même par patriotisme ou désir de gloire quand ils allaient combattre. Ceux-là retrouveront plus ou moins aisément leur camp. D'autres sont restés fermement à l'écart de l'aventure impériale. Ils se sont opposés ou se sont tus. Ceux d'entre eux qui ont payé ce choix de la prison ou du bannissement entretiennent depuis des mois déjà – galvanisés par les défaites ultimes de l'Empereur – une fièvre hostile à l'Empire et favorable au retour des Bourbons. C'est le cas de certaines sociétés secrètes, sortes d'anti-maçonnerie, tels les Chevaliers de la foi, très présents dans le sud du pays. Et puis, il y a l'appoint d'un bon nombre de dignitaires de l'Empire, y compris des maréchaux et des généraux, qui se sont ralliés, convaincus que Napoléon les conduisait dans l'impasse. Ils demandent seulement qu'on garantisse leurs titres et qu'on leur permette de servir. Les notables suivent, avec prudence.

Mais l'appui des plus hautes sphères de la société ne suffit pas à étayer un régime. Il lui faut aussi, dans les couches plus profondes du pays, un soutien et une approbation. Ils vont rapidement manquer. La dynastie des Bourbons avait été la cible expiatoire du tumulte révolutionnaire. La voir régner à nouveau vingt ans plus tard est comme la négation de ce qu'avait autorisé la puissance sans tabou du peuple. Cette dynastie et celui qui l'incarne, Louis XVIII, petit-fils de Louis XV, ont été presque oubliés et sont mal connus des Français.

Il faudrait donc que ces dirigeants soient conscients de ce qui est advenu pendant les vingt-deux ans de leur absence, qu'ils se montrent attentifs à l'opinion. Or ils prennent l'accablement et la résignation du peuple pour de l'adhésion. Refusant de « jurer d'observer la Constitution » (préparée par Talleyrand et votée en hâte par le Sénat), Louis XVIII se pose comme monarque de droit divin et « octroie », sous forme d'une charte, cette même Constitution quelque peu amendée. Dans son texte, les « citoyens » de la Révolution (et, selon les moments, de l'Empire) sont redevenus des « sujets », comme sous l'Ancien Régime. Grave faute de psychologie. Toutefois, un système parlementaire à deux assemblées est mis en place, limité dans ses pouvoirs par les prérogatives du roi et abrité des élans du peuple par le suffrage censitaire. Les principales libertés civiles et l'égalité devant la loi sont reconnues et le Code civil est conservé (ce qui prouve qu'il est adapté au temps et point trop « révolutionnaire »). Si la Révolution et l'Empire sont formellement ignorés et comme enjambés, nombre de leurs acquis sont sauvegardés. Le passage de la Révolution s'impose même à ceux qui la nient ou la réprouvent.

Cependant, les dirigeants de la première Restauration se montrent peu prudents. La paix raisonnable obtenue – compte tenu des circonstances – ne fait pas oublier la défaite. La situation économique héritée de l'Empire est détestable. L'opinion n'est en rien enthousiaste. Or Louis XVIII et ceux qui l'entourent vont commettre l'erreur de laisser s'installer la « réaction nobiliaire », d'écarter de l'armée des milliers de cadres formés sous l'Empire et, en même temps, de réintégrer des officiers émigrés ayant combattu la France. La désaffection gagne, et pointe la nostalgie de Bonaparte. La monarchie ne reprend pas racine. Cela explique l'apparente facilité avec laquelle l'Empereur regagnera la capitale aux Cent-Jours et l'atmosphère plutôt favorable qui l'accompagnera à son retour aux Tuileries avant qu'il ne reparte pour la guerre. Ses partisans l'ont fait apparaître, une fois encore, comme le « Sauveur ». Ce sera, dans l'histoire, un thème récurrent du bonapartisme.

Trois mois plus tard, la défaite du chef de guerre est consommée et la seconde abdication de l'Empereur s'impose. La « restauration » impériale n'a pas tenu. Napoléon n'a pu convaincre les Alliés résolus à sa perte qu'il saurait désormais mettre un frein à ses ambitions et tenir une place assignée dans le « concert des nations ». Le régime a été happé par la logique guerrière dans laquelle ses adversaires et sa propre nature l'enferment. Il n'a le choix qu'entre vaincre, toujours vaincre ou disparaître. Waterloo arrête cette spirale terrible et met fin à l'aventure napoléonienne.

De toute façon, à l'intérieur, les Français ne suivent pas. Ils ont vu revenir avec crainte la guerre et ses réquisitions de jeunes hommes. Une seconde fois défait, l'Empereur ne trouve plus de défenseurs. Pour reprendre racine à son tour, il lui aurait fallu stabiliser sa puissance, apaiser ses voisins et donc jouir de conditions ordinaires qu'il n'était pas apte à créer. En tout cas, à propos des Cent-Jours, plutôt que de nous exalter sur le « vol de l'Aigle », observons que le retour de l'Empereur déchu provoquera quarante mille morts supplémentaires dans une guerre perdue d'avance et placera la France dans une situation beaucoup plus difficile, à l'intérieur comme à l'extérieur.

La seconde Restauration monarchique s'opère sous la présence pesante des Alliés. La France est militairement occupée. Dans le pays, le climat est lourd. Autant la première Restauration s'était voulue sans heurt, autant la seconde se montre brutale. Exaspérée par le retour de Napoléon et exaltée par sa défaite, une fraction des royalistes déclenche ce que l'on a appelé la « Terreur blanche ». Dans le midi méditerranéen, des bandes exci-tées par des chefs royalistes tuent des « Jacobins », des bonapartistes, des soldats, voire des protestants. Le pouvoir royal mettra deux mois à reprendre la situation en main. À cela s'ajoutent le vote de lois d'exception (contre ce qui est jugé séditieux) et une vaste épuration de l'administration. Le général Mouton-Duvernet et le maréchal Ney, engagés pendant les Cent-Jours, sont traduits en conseil de guerre et fusillés. Cent cinquante-trois conventionnels régicides, dont Carnot et David, sont proscrits. Et puis, on laisse d'anciens émigrés, dont les propriétés transformées en biens nationaux avaient été achetées, réclamer avec vigueur leur restitution. C'est toucher à un des acquis les plus essentiels de la Révolution pour les nouveaux possédants. La seconde Restauration commence sous le règne des « ultras ».

Malgré la prudence de Louis XVIII, et même si les royalistes constitutionnels l'emportent bientôt sur les royalistes extrémistes, la nouvelle monarchie parlementaire ne peut pas se stabiliser. La brutalité initiale des ultras a éveillé des violences révolutionnaires. Le duc de Berry, à qui pouvait échoir la couronne, est assassiné par un ouvrier admirateur de Bonaparte qui dira avoir voulu « anéantir la race des Bourbons ». Le Premier ministre Decazes, jugé faible et complaisant, est poussé à la démission. Dans l'opposition, des sociétés secrètes s'activent, telle la Charbonnerie. Des complots échouent qui débouchent sur des condamnations à mort (ainsi celles des « quatre sergents de La Rochelle »…).

Il suffira que Charles X, succédant à son frère mort en 1824, pousse cette fois jusqu'au bout la logique royaliste – croyant assurer son pouvoir en ravivant l'esprit de l'Ancien Régime – pour qu'au contraire il chute. Un parti républicain s'est fondé. Charles X et son Premier ministre, l'ancien chouan prince de Polignac, n'acceptent

pas en 1830 le verdict des élections (pourtant censitaires) qui font progresser l'opposition. Ils dissolvent la
Chambre et suspendent la liberté de la presse. À Paris,
on proteste et des barricades se dressent. Ce seront,
les 27, 28 et 29 juillet 1830, les « Trois Glorieuses ».
Charles X abdique le 2 août et part pour l'Angleterre.
À Paris, la France connaît sa deuxième révolution. Par
crainte de la république, la crise est rapidement dénouée
au profit du duc d'Orléans. Partisan dans sa jeunesse de
la Révolution, comme son père Philippe Égalité (qui avait
voté la mort de Louis XVI mais avait été exécuté sous
la Terreur), il a combattu à Valmy et n'a jamais porté
les armes contre la France. De retour dans son pays en
1814, il a condamné les ultras. Pourtant, lui aussi tombera
dix-huit ans plus tard devant une troisième révolution,
celle de 1848, dont l'issue – surprenante – sera le retour
au pouvoir d'un Bonaparte, Louis-Napoléon, le neveu.

Ces chassés-croisés politiques et institutionnels tra-
duisent l'ébranlement qu'ont connu, lors de vingt-cinq
années tumultueuses, les assises politiques de la France.
Entre le rêve ancien de la république, la remémoration
d'un Empire glorieux mais despotique et les déceptions
causées par des monarchies figées, les élites politiques et
le peuple ont peine à choisir. Les germes de la longue
instabilité politique de la France se trouvent là. Si elle
n'est pas seule en cause, la rupture qu'a opérée Napoléon Bonaparte avec l'évolution libérale ouverte par la
Révolution française est à la source de cette instabilité.
Dans ces conditions, on pourrait penser que les Français
en ont fini avec les Bonaparte. Ce ne sera pas le cas.

5

Les métamorphoses du bonapartisme

Chose étonnante, l'effondrement de l'Empire et la mort de Napoléon (en 1821) ne vont pas entraîner la disqualification des Bonaparte. Ils vont au contraire signer l'acte de naissance du bonapartisme. L'Empereur vivant, sa présence magistrale interdisait qu'on réduisît son destin et son œuvre à une doctrine ou, pire, à un mot. Lui disparu, tout cela devient possible. Bonaparte est mort, vive le bonapartisme ! Il y faut quelques conditions.

Les deux restaurations monarchiques se passent plutôt mal en France. Louis XVIII n'est pas revenu porté par ses succès mais grâce aux revers de l'Empire, des défaites pour la France. Lucide, et mal entouré, le roi a tout juste su contenir les prétentions des ultraroyalistes. Son successeur Charles X les laisse s'épanouir, au point de provoquer la révolution de 1830.

C'est pourquoi l'arrivée au pouvoir de Louis-Philippe, de la branche cadette des Orléans, un ancien partisan de la Révolution à ses débuts, paraît garantir à la royauté un meilleur équilibre. Louis-Philippe devient « roi des Français » et adopte le drapeau tricolore. Mais il se retrouve face à une société instable sourdement travaillée par les royalistes légitimistes frustrés, par les nostalgiques de l'Empire et par les partisans de la république, alors que s'expriment les premières revendications socialistes. Le régime et son roi, qui aime l'argent, s'appuient sur une étroite bourgeoisie d'affaires (qui d'ailleurs amorce la révolution industrielle en France). Ils pensent se protéger des bourrasques politiques par le maintien d'un système électoral censitaire. Mais des insurrections éclatent : celle des canuts de Lyon en 1831 et celles de Paris en 1832 et 1834. Des attentats visent même le roi. La politique pacifique de Louis-Philippe en Europe ou en Orient – que vient à peine contredire la poursuite de la conquête de l'Algérie en 1841 – déçoit une opinion restée éprise de gloire depuis l'Empire.

La monarchie de Juillet s'affaiblit. Dans un contexte de crise économique (en 1846-1847) et de grande misère ouvrière, le roi va chuter sur la question très politique de l'extension du suffrage qui pose, plus largement, celle de la démocratie. Avec son Premier ministre, le très conservateur Guizot, il s'oppose à l'élargissement du cens et plus encore au suffrage universel. Une campagne politique, dite « des banquets », conduite dans toute la France, rassemble l'opposition contre le gouvernement. À Paris, l'interdiction d'une réunion débouche en février 1848 sur des mouvements d'une ampleur telle qu'ils poussent le roi Louis-Philippe à abdiquer. C'est la révolution de 1848. Cette fois, il n'y a pas de solution monarchique. La république s'annonce. Mais, déjà, une nostalgie était née, celle de l'Empire.

La légende napoléonienne

Sous les deux Restaurations, une « légende napoléonienne » avait commencé à courir et le « bonapartisme » était né. Non sans contradictions. Le bonapartisme politique, organisé dans un mouvement reposant sur des leaders reconnus, comptant des parlementaires et des adhérents décline plutôt de 1815 à 1848. En revanche, le mythe de Napoléon commence à prospérer dans les milieux populaires.

La déception entraînée par les monarchies restaurées et l'idéalisation d'un passé glorieux ne suffisent pas à expliquer le phénomène. Outre la marque puissante laissée sur la France par le passage de Napoléon Bonaparte, il fallait un élément déclenchant. Ce fut la publication, en 1823, deux ans après la mort de Napoléon, du *Mémorial de Sainte-Hélène*. Dans cet ouvrage, transcription des récits que lui a faits Napoléon dans son lieu d'exil, Las Cases livre au public une impressionnante apologie du Premier consul et de l'Empereur.

Il y a là une double mystification. La première concerne le transcripteur qui, ancien émigré de l'armée des Princes, ne semble s'être rallié à l'Empire que par opportunisme. Nommé au Conseil d'État, il avait demandé à accompagner l'Empereur à Sainte-Hélène, portant sans doute son projet secret en tête. La seconde mystification est le récit de Napoléon lui-même. Maître depuis toujours en propagande, sachant qu'il écrit pour la postérité, il se campe en personnage historique, glorieux, plein d'autorité certes, mais pénétré de l'amour de la nation et décidé à faire le bonheur des peuples. Il se dépeint, face à des souverains réactionnaires voués à sa perte, animé des grands idéaux hérités de l'esprit des Lumières et de la Révolution – en ce qu'elle a eu de meilleur. Son projet n'avait pas été de dominer l'Europe. Il avait voulu l'unifier, en vue du progrès.

Tous les éléments de la légende sont là rassemblés. Le chef déterminé du 18-Brumaire (alors que son frère Lucien a dû ranimer l'énergie d'un Napoléon prostré devant le risque de l'échec) ; l'individu héroïque emportant la décision au pont d'Arcole (alors que seul le rempart du corps de son ami Muiron, qui s'est sacrifié, l'a sauvé de la mort) ; même le courage extraordinaire de ses soldats est mis à son crédit, comme celui des pontonniers du général Éblé au passage de la Berezina (alors que Napoléon lui-même avait ordonné quelques jours plus tôt la destruction du matériel des ponts). Dans cette légende, la mort – qui, dans les guerres napoléoniennes, fit des ravages de masse – n'est évoquée qu'héroïquement. L'attachement indéfectible du « Petit Caporal » à ses soldats est mis en avant, alors qu'il les a abandonnés trois fois au milieu des épreuves, du drame, puis de la tragédie, en Égypte, en Espagne et en Russie, et que leur condition n'était pas son premier souci. L'ancien général « républicain » écrasant Vendémiaire, le général victorieux de la campagne d'Italie, l'homme intègre, le législateur avisé, l'administrateur efficace, l'ami des savants, le conquérant glorieux, le « libérateur » des peuples sont magnifiés (quitte à travestir une réalité contrastée, voire totalement différente). Le *Mémorial de Sainte-Hélène* sera un immense succès.

Il n'y a pas de légende sans propagateurs efficaces. Béranger, bien sûr, le chansonnier qui chante la gloire de l'Empereur et que l'épreuve de la prison rend populaire. Les colporteurs qui, à travers la France, vendent les images d'Épinal (fabriquées à Paris) des généraux de l'Empire. Des « demi-solde », sous-officiers ou officiers des armées impériales qui, retirés du service pour faire place aux anciens émigrés ou aux chouans, seront, rentrés dans leurs foyers, les plus ardents récitants de l'épopée napoléonienne. Sans oublier les écrivains romantiques (Balzac, Hugo, Lamartine, Stendhal, Vigny) et, plus tard, des feuilletonistes et des romanciers populaires qui engagent certains de leurs héros littéraires dans l'épopée napoléonienne.

Certes, parallèlement à la « légende dorée », se développera une « légende noire », cultivée en France par les royalistes et certains républicains. Elle sera très prégnante dans les pays étrangers. Napoléon est « le tyran », « l'ogre » dont les guerres dévorent les jeunes soldats. Mais, en France, la légende la plus éclatante prendra largement le dessus sur les récits les plus sombres.

Cette légende a ses héros (maréchaux ou figures de braves anonymes) et ses traîtres (Bernadotte, Fouché, Talleyrand – dont on oublie de dire qu'ils ont porté Bonaparte au pouvoir et qu'ils l'ont servi). Quant à l'Empereur, héros et victime, il suscite à la fois l'admiration et la compassion. Même Hudson Lowe, son geôlier dur et mesquin du « rocher de Sainte-Hélène » et la fable tenace d'un possible empoisonnement contribueront à la légende.

Louis-Philippe a sa part dans cette grande mise en scène. Il juge habile d'être tolérant à l'égard de la propagande bonapartiste là où Charles X était répressif – sans davantage de résultats. En 1840, il se prête au retour des cendres de l'Empereur, dont la dépouille descend les Champs-Élysées et est accueillie aux Invalides par le roi lui-même. Il y a dans l'événement une forme de consécration du mythe et comme un symbole de la confusion des légitimités dans une France incertaine de ses choix. La monarchie sert, sans le vouloir, les desseins des partisans de l'Empire. Ceux-ci, une décennie plus tard, mettront à bas la République à peine retrouvée. Alors viendra le temps d'un Second Empire.

Napoléon III et la renaissance du bonapartisme

Quand la République est proclamée le 24 février 1848, après les journées qui ont mis à bas, une troisième fois, la monarchie, la France paraît reprendre le fil de l'histoire noué un grand demi-siècle plus tôt, en 1792. La nouvelle révolution a été brève, presque paisible et heureuse. Ses acteurs ont seulement dû veiller à ne pas la voir confisquée, comme en 1830, par un tour de passe-passe monarchique. Ce régime républicain, humaniste et enthousiaste – au sein duquel, pour la première fois, les idées socialistes sont représentées – instaure le suffrage universel, supprime la peine de mort pour raison politique, abolit de nouveau l'esclavage, proclame le droit au travail et déclare la paix au monde. Alphonse de Lamartine, George Sand et Victor Hugo s'en font les défenseurs.

Pourtant, il faudra moins d'un an pour voir la République se donner à Louis-Napoléon Bonaparte. Le tournant se situe en juin 1848. L'Assemblée constituante, élue en avril au suffrage universel, est dominée par les républicains modérés, et les royalistes y sont nombreux. Effrayée par l'agitation des ouvriers et des chômeurs, l'Assemblée se tourne vers Louis Eugène Cavaignac, un de ses membres, un général républicain ayant commandé en Algérie. Elle lui accorde des pouvoirs quasi dictatoriaux pour écraser des journées insurrectionnelles qui se produisent en juin. La répression est très brutale. L'élan démocratique et sentimental de la IIᵉ République vient se briser sur la question sociale. La République se révèle durement conservatrice.

Le lien entre la République et le peuple des ouvriers et des pauvres se rompt. La Constitution qui est adoptée en novembre conserve le principe de la souveraineté du peuple et sépare les pouvoirs. Face à une Assemblée unique, elle confie le pouvoir exécutif à un président de la République élu au suffrage universel. Le résultat de l'élection va surprendre.

En décembre 1848, à l'élection présidentielle, le général Cavaignac, républicain, homme d'ordre mais symbole de la répression, est largement battu ; Ledru-Rollin, le modéré, et Lamartine, le libéral, ne font que des scores marginaux. Les électeurs, déçus par la République, portent massivement leurs suffrages sur un autre membre de la Constituante, doté d'un nom illustre : Louis-Napoléon Bonaparte.

L'homme est complexe. Fils de Louis Bonaparte et d'Hortense de Beauharnais, élevé dans le culte de l'Empereur, son oncle, et éduqué par son précepteur dans l'attachement au passé révolutionnaire, il avait été proche du mouvement des Carbonari en Italie. Deux fois, en 1836 et en 1840, il montre un tempérament séditieux en tentant de soulever des garnisons. La seconde fois, il est condamné à la prison à vie et conduit dans le fort de Ham où il lit, écrit (*Extinction du paupérisme*), complète sa formation politique, et d'où il s'échappe six ans plus tard. Ce parcours l'a rendu populaire dans des milieux sensibles à la légende napoléonienne.

Affranchi de ses condamnations par la révolution de 1848, élu député à la Constituante (choisi dans plusieurs départements), il cherche adroitement à séduire des secteurs différents de l'opinion. Il s'affirme homme d'ordre pour les conservateurs, critique de la finance pour les ouvriers et bien sûr héritier de l'Empereur pour les militaires et les nostalgiques de la gloire d'hier. Il est élu triomphalement à la présidence de la République en décembre 1848.

Mais, de même que le propos de Napoléon Ier n'était pas de partager le pouvoir avec deux consuls et des assemblées, celui de son neveu n'est pas de rester un président soumis à réélection dans une république. Dans l'héritage de son oncle, il a puisé le goût du pouvoir personnel. Après avoir juré fidélité à la République, il la préside pendant trois ans en laissant habilement l'Assemblée, à majorité monarchiste depuis les élections de 1849, assumer la responsabilité de mesures restreignant le corps électoral et réduisant la liberté de la presse. Lui-même, qui se pose en défenseur du suffrage universel et de la souveraineté populaire, diversifie ses soutiens en modulant ses discours – souvent contradictoires – en fonction des publics qu'il veut séduire. Dans une situation politique instable, il voit croître sa popularité face à une Assemblée décriée et divisée.

Dans la nuit du 2 décembre 1851, il joue son va-tout. Son demi-frère, Morny, s'empare du ministère de l'Intérieur alors que le Palais-Bourbon est neutralisé par des soldats. Les principaux chefs de l'opposition sont cueillis dans leur lit et arrêtés. L'Assemblée nationale est dissoute. Cependant que le suffrage universel est rétabli et que le peuple est convié à approuver l'événement par plébiscite, la répression s'abat. Trente mille arrestations et dix mille déportations interviennent. Quatre-vingts députés sont expulsés, dont Victor Hugo. Derrière le rideau de fumée de l'appel au peuple, c'est la République et la démocratie qui sont frappées. Mais le suffrage universel, dévoyé par le plébiscite, apporte une approbation massive (avec 92 % de *oui*) à cette prise du pouvoir.

Le contexte de ce coup d'État n'est pas identique à celui du 18-Brumaire. En 1851, il n'y a nul besoin d'une « épée », comme en 1799, pour clore une révolution et rétablir l'ordre. Mais, outre la reprise de la technique du coup d'État maniée par un groupe d'hommes décidés, on retrouve le même schéma d'une invocation républicaine subvertie. Napoléon III suit les leçons de Napoléon Ier en veillant à habituer par degrés le peuple à des renoncements : en février 1852, la présidence de la République lui est réservée pour dix ans ; à la fin de l'année, l'opinion ayant été soigneusement préparée, un nouveau plébiscite lui permet de se faire proclamer empereur des Français sous le nom de Napoléon III. Le régime impérial est de retour.

Si les deux Empires se sont, l'un et l'autre, achevés par des défaites, ils n'ont pas gardé, on le sait, la même place dans l'imaginaire national. L'un reste synonyme de grandeur et de gloire, même passagères. L'autre est réduit à sa réputation autoritaire et affairiste. Victor Hugo, qui se reprochait sans doute d'avoir, avant le coup d'État, approuvé Louis-Napoléon et qui fut ensuite jusqu'au bout un opposant déterminé, a contribué à cette divergence des réputations historiques par ses

vers vengeurs des *Châtiments* et sa formule cinglante :
« Napoléon le petit ».

En réalité, les deux Empires ont des points communs
où se montre la trame du bonapartisme. La nature dictato-
riale du pouvoir, la répression des opposants, l'utilisation
de la police à des fins politiques, la manipulation de
l'opinion par la propagande, la centralisation de l'État,
la recherche de la gloire extérieure pour susciter la fierté
des Français et souder la nation autour de l'armée et
de l'Empereur, père et sauveur de la patrie, sont aux
fondements des deux régimes.

Mais de forts décalages existent. Si les cercles dirigeants sont marqués par la même recherche des prébendes, par le goût de l'argent et par la corruption,
l'affairisme est plus marqué sous le Second Empire. Il
s'accompagne aussi d'une véritable attention portée au
développement économique. La révolution industrielle a
commencé, et les centres d'intérêt de la classe dirigeante
et du pouvoir politique se sont déplacés. La bourgeoisie
d'affaires domine, cependant que le prolétariat avance
ses premières fortes revendications. Le Second Empire
est d'abord une affaire française.

De ce point de vue, le Second Empire est autre
chose qu'une imitation médiocre du premier. Et il nous
livre peut-être des enseignements plus modernes que
son prédécesseur. D'une part, le régime a tenté, en
1860, avec l'Empire libéral, son auto-réforme ; d'autre
part, Napoléon « le petit » a bien davantage théorisé le
bonapartisme que ne l'avait fait Napoléon « le grand ».

L'Empire dit « libéral » s'esquisse dès la moitié du
Second Empire. Même si comparaison n'est pas raison,
c'est un peu comme si l'Acte additionnel aux Constitutions de l'Empire avait été rédigé non pas aux Cent-

Jours, mais en 1808. Ce changement n'est pas, comme en 1814, l'improvisation hâtive d'un empereur défait qui, ayant regagné par surprise son pays, et ralliant à lui d'anciens opposants, veut obtenir le soutien de l'opinion pour mener la guerre et tenter de sauver son régime. Il est le choix politique délibéré d'un empereur encore au faîte de sa popularité qui, constatant une poussée de l'opposition (en dépit de l'avantage donné aux « candidats officiels » dans les élections), essaie de trouver une réponse à l'exigence de liberté montant dans son pays. Les temps ont changé et, de toute façon, Napoléon III est une personnalité moins dominatrice et plus ouverte à des sensibilités multiples que ne l'était Napoléon Ier.

À partir de 1860, s'amorce l'intéressante expérience d'un régime despotique qui tente de se libéraliser. On peut percevoir la prise en compte d'exigences nouvelles et en mesurer les limites. Il n'y a pas d'abord de changement constitutionnel. Un droit d'adresse au gouvernement est accordé au Corps législatif. Une série de concessions sont faites, sous la pression de l'opposition, sans d'ailleurs vraiment la satisfaire : suppression du délit de coalition ouvrant sur le droit de grève (1864), droit d'interpellation (1867), libéralisation du régime de la presse et liberté de réunion (1868).

En 1869, devant le très fort score de l'opposition aux élections et prenant véritablement conscience de la menace extérieure représentée par la Prusse, Napoléon III franchit une nouvelle étape, ouvrant la voie à un régime impérial parlementarisé inspiré par la monarchie héréditaire parlementaire britannique. Des changements constitutionnels sont décidés par sénatus-consulte : le Corps législatif reçoit la possibilité d'élire son président ; il obtient le droit d'initiative des lois, le droit d'amendement et le droit de voter le budget. L'empereur conserve, lui, l'essentiel de ses prérogatives.

Ces changements sont approuvés massivement par un plébiscite. Un républicain rallié, Émile Ollivier, est appelé à former le gouvernement. Ce nouvel équilibre peut-il être durable ? Faute d'avoir acclimaté auparavant la monarchie parlementaire, la France va-t-elle se prêter durablement à un empire parlementarisé ? On pourrait en douter compte tenu de la montée dans le pays du sentiment républicain. De toute façon, la question ne recevra pas sa réponse, puisque l'Empire s'effondrera sous le choc de la défaite extérieure.

Napoléon III aura laissé un autre legs : une première théorisation du bonapartisme. Napoléon Ier, bien que grand lecteur, n'aimait ni les théories ni les idéologues. Pour lui, l'action et sa personne, magnifiées par la propagande, valaient théorie. Napoléon III, qui n'a pas son prestige – il n'est pas un général victorieux – ni sa puissance politique, a besoin de donner un sens à ses ambitions, puis à son pouvoir.

Dans *Les Idées napoléoniennes* (1839) ou dans l'*Extinction du paupérisme* (1844), il a élaboré le composé d'idées et de théories avec lequel il avancera. Pour lui, le bonapartisme se place au-dessus des factions (on dira plus tard les partis), il transcende le clivage gauche-droite, il est animé par le goût de l'ordre mais aussi par les préoccupations sociales (à l'époque d'inspiration saint-simonienne). Mariant l'hérédité dynastique et le suffrage universel plébiscitaire, il professe l'hostilité aux notables (plus tard on critiquera les élites ou le Parlement). Épris de gloire mais attentif au développement économique, le bonapartisme prétend réaliser une sorte de fusion nationale par l'union du peuple et d'un chef providentiel qui, selon la dureté ou la douceur du temps, le sauve ou le rassure.

Certains verront dans cette combinaison d'éléments contraires un fatras, d'autres y trouveront une synthèse. Elle aura en tout cas une grande force de séduction. Assez pour porter au pouvoir un aventurier armé d'un nom célèbre et l'y maintenir plus de vingt ans. Assez, même, pour que le bonapartisme survive à la défaite de l'Empire et prospère, prenant des formes nouvelles, sous des républiques différentes.

Si le Second Empire est d'abord une affaire française, son sort se jouera pourtant sur le théâtre extérieur dont Napoléon III ne peut se désintéresser. L'imitation de l'oncle glorieux, la passion pour l'Italie, le mirage de l'Orient et même – signe des temps – la « découverte » de l'Amérique avec l'expédition mexicaine marquent son règne. Louis-Napoléon veut trancher, aux yeux des Français, avec la politique passive et conciliatrice des deux Restaurations à l'égard de l'ordre européen hérité de 1815. Mais cet interventionnisme se fera sans conquête sur le continent – seules Nice et la Savoie seront annexées par la France. Cet Empire-là ne bâtira pas d'empire – du moins en Europe.

C'est au contraire en se réclamant du principe des nationalités, que Napoléon Ier avait ignoré ou étouffé, que le neveu justifie ses interventions. Ce n'est d'abord pas le cas pour la guerre de Crimée qui oppose la Russie à l'Empire ottoman et à laquelle se mêlent de 1854 à 1856 la Grande-Bretagne et la France. Derrière une querelle sur les Lieux saints (à Jérusalem) se profilent des réalités plus stratégiques et profanes : le déclin accentué de l'Empire ottoman, l'expansionnisme russe et la volonté de l'Angleterre de garder le contrôle des grandes routes maritimes. Napoléon III décide de s'engager dans le conflit pour sortir de son isolement international et complaire à l'Angleterre, dont il se sent proche – c'est une autre différence avec son oncle. Cette guerre, où les Anglais et les Français combattent côte à côte pour la première fois depuis des siècles, n'est pas glorieuse. Elle se conclut par l'interminable siège de Sébastopol. Elle est très meurtrière – à cause du choléra et du typhus. Elle servira surtout les intérêts britanniques. Mais se concluant par le traité de Paris (signé le 30 mars 1856 dans la capitale impériale), elle nourrit la popularité de Napoléon III et peut apparaître comme une revanche, au moins partielle, sur l'ordre imposé en 1815.

L'intervention de Napoléon III en Italie se réclame clairement du principe des nationalités, qui sous-tend l'aspiration de nombreux Italiens à l'unité. Il s'agit aussi de prendre une revanche historique sur l'Autriche. La révolution de 1848 en France – que Napoléon III avait détournée à son profit – a eu un profond retentissement en Europe. À Vienne, le chancelier Metternich, en place depuis 1809, a dû fuir. Venise et Milan se sont embrasées. Pendant dix ans, les conflits font rage entre les armées autrichiennes – le plus souvent victorieuses – et celles du royaume de Piémont-Sardaigne, aidées parfois par des officiers des États pontificaux, du royaume des Deux-Siciles ou du grand-duché de Toscane. Les Autrichiens finalement l'emportent.

La France de Napoléon III entre directement dans la guerre, en 1859, lorsque les troupes autrichiennes pénètrent en Piémont-Sardaigne. Napoléon III, qui se fie à l'offensive comme Napoléon Ier, n'a ni son génie militaire ni son sens de l'organisation. Malgré des opérations militaires mal pensées et préparées, des succès sont néanmoins remportés (à Magenta et Solferino). Pourtant, Napoléon III, pusillanime, ne pousse pas son avantage et propose la paix à l'empereur d'Autriche, François-Joseph. La promesse qu'il avait faite de « libérer l'Italie » devient lettre morte. Cavour, Premier ministre de Piémont-Sardaigne, partisan déterminé de l'unité italienne, se sent trahi et démissionne. Ce sont les garibaldiens qui prennent le relais de la lutte dans le royaume des Deux-Siciles.

Napoléon III veut sincèrement l'unité italienne et la favorise objectivement mais, par ses hésitations, il dessert sa cause auprès des Italiens. Soutenir les patriotes, ménager le pape qui tient à ses États (l'Empereur veut plaire aux catholiques français), ne pas pousser trop loin l'affrontement avec l'Autriche (par peur d'une poussée sur le Rhin), c'est obéir à des préoccupations trop contradictoires pour que soit conduite une politique claire. Les différents duchés rejoignant successivement le mouvement national, l'unité italienne se réalise quand même. Après un plébiscite, Rome devient la capitale du royaume d'Italie, avec Victor-Emmanuel II comme roi, en juillet 1871. Napoléon III est déjà aux prises avec les armées prussiennes. Bientôt, battu, il capitulera. L'unité italienne se sera achevée sans lui. L'unité allemande se scellera contre lui.

Dans l'intervalle, Napoléon III a conduit hors d'Europe une politique d'expansion. La conquête de l'Algérie est brutalement achevée en Kabylie. La présence française s'étend au Sénégal. La Nouvelle-Calédonie est acquise, la Cochinchine conquise ; de premières interventions sont conduites en Chine, aux côtés de l'Angleterre. Le canal de Suez est creusé par Ferdinand de Lesseps. Si un Empire s'esquisse, il est situé hors d'Europe. Le rêve de gloire est désormais de nature coloniale.

L'échec survient avec l'expédition mexicaine (1867) qui porte atteinte au prestige de l'Empereur. C'est un projet incohérent et aventureux. Il ne peut s'agir de se tailler un domaine colonial, ni de flatter un sentiment national (les Mexicains ne voulant pas d'un roi étranger), ni même de faire pièce à l'Autriche (puisqu'on offre le trône à un Habsbourg !). Quant au prétexte de créer au Mexique un grand État catholique sous influence française pour contrecarrer les États-Unis, puissance de culture protestante, il va à contre-courant de la tradition française d'amitié avec les États-Unis et relève de la fantasmagorie. En tout cas, cette expédition détourne les dirigeants impériaux d'un acteur et d'une scène qui vont bientôt se révéler décisifs : la Prusse et le Rhin.

La France va aller vers la guerre avec la Prusse, en 1870, sans s'y être vraiment préparée. L'opinion la veut, dans l'espoir d'une revanche sur 1815 ; les différents cercles du régime également avec des arrière-pensées de politique intérieure. Sous l'effet d'une rebuffade infligée par le roi Guillaume Ier et Bismarck à l'ambassadeur de France (c'est l'épisode manipulé de la « dépêche d'Ems »), la France déclare la guerre à la Prusse. Elle compte sur le soutien de l'Autriche, de l'Italie, voire de certains États allemands du Sud. Bismarck veut, à l'inverse, lever les dernières réticences à l'unification de l'Allemagne sous la tutelle prussienne en cultivant un réflexe patriotique. C'est son calcul qui l'emportera. L'armée prussienne est bien organisée et elle a été formée aux combats européens par sa guerre victorieuse contre l'Autriche (victoire de Sadowa, en 1866). Les armées françaises sont mal préparées. Le haut commandement français, familier des conflits coloniaux, se révèle défaillant. Les défaites surviennent rapidement. Le 2 septembre 1870, Napoléon III, fait prisonnier à Sedan, capitule. Le 4, sa déchéance est proclamée par un gouvernement provisoire, républicain, qui, avec Gambetta, poursuit la guerre. Avec détermination et sans succès.

Les Prussiens arrivent à nouveau à Paris et, cette fois, la France est gravement amputée, par la perte de l'Alsace-Lorraine. Après un siège, rude, de Paris qui résiste, la signature de l'armistice, la proclamation de l'unité allemande au château de Versailles (!) en janvier 1871 et l'élection d'une Assemblée conservatrice (en février), une insurrection à la fois sociale et patriotique se produit dans la capitale : c'est la Commune de Paris. Elle semble signer deux fois l'échec de l'Empire : dans ses promesses de grandeur comme dans ses prétentions socialisantes. En réalité, elle est moins tournée contre le régime qui vient d'être abattu qu'elle n'est une révolte contre une double humiliation refusée : celle qu'inflige la bourgeoisie triomphante, celle qu'impose l'ennemi victorieux. Elle sera réprimée dans le sang et laissera des traces profondes.

Si, sous le Premier Empire, la France n'a territorialement rien gagné, avec le Second, elle perd beaucoup. Le Premier a renvoyé la République à cinquante ans. Le Second l'a retardée de trente. Le mythe napoléonien devrait s'éteindre. Il n'en est rien. Le boulangisme sera son premier avatar.

Le boulangisme,
un bonapartisme de la « revanche »

Après la chute de l'Empire et l'écrasement de la Commune, en mai 1871, lors de la Semaine sanglante, et malgré des débuts incertains face au risque d'une restauration monarchique, une troisième république s'installe en France à partir de 1875. Le vote de l'amendement Wallon qui fait allusion au régime républicain en sept mots : « le président de la République est élu »…, puis l'adoption d'une série de lois constitutionnelles permettront cette discrète installation. Cette république, qui sera la première à durer (elle s'achèvera en 1940), sera celle du parlementarisme et de la prédominance du pouvoir législatif sur le pouvoir exécutif.

Alors que la consolidation de la République affaiblit le courant monarchiste, la mouvance bonapartiste survit à nouveau à l'Empire. À chaque élection, sans être une force dominante, elle compte plusieurs dizaines de députés (encore cinquante-deux en 1889). La mort du prince impérial, le fils de Napoléon III, tué cette même année dans la guerre des Anglais contre les Zoulous, provoque pourtant des divisions qui affaiblissent le mouvement.

Si le bonapartisme comme organisation politique stagne, la tentation césariste perdure. De nouvelles figures vont s'en saisir. C'est le cas du général Boulanger. Ce postulant au pouvoir personnel a pour cela plusieurs prédispositions. C'est un soldat qui s'est illustré en Italie, dans les expéditions coloniales et même contre les Prussiens lors du siège de Paris (en 1870). Son régiment a participé à la répression de la Commune de Paris – ce qui le pose en défenseur de l'ordre –, mais il n'est pas intervenu personnellement (en raison d'une blessure) – ce qui ne l'entache pas aux yeux de l'extrême gauche. Il est populaire chez les militaires car, comme ministre de la Guerre en 1886 (poussé là par Clemenceau), il s'est soucié de la condition des soldats et a pris à leur intention plusieurs décisions symboliques. Il a autorisé dans l'armée le port de la barbe, qui est alors un signe de républicanisme. Il a fait défiler les soldats le 14 Juillet, jour choisi depuis peu (en 1880) comme fête nationale. Il s'est donc acquis la réputation d'être un général républicain (comme avant lui Bonaparte…).

Sa popularité s'élargit lorsqu'il se fait le héraut de la « revanche », d'abord comme ministre de la Guerre, puis comme député. L'opinion, les milieux populaires sont restés traumatisés par la défaite de 1870 et la perte de l'Alsace-Lorraine intervenues quinze ans plus tôt. À gauche comme à droite, des personnalités et des cercles influents appellent à la revanche contre l'Allemagne et espèrent la récupération des territoires perdus. Des personnages comme le polémiste Henri Rochefort, ancien opposant à l'Empire, déporté après la Commune, qui amorce sa conversion au nationalisme, s'entichent du « général Revanche ». C'est aussi le cas de Paul Déroulède, ancien pacifiste, mobilisé en 1870 et ayant, lui, participé à la répression de la Commune, qui met au service du général sa Ligue des patriotes. Les hommes qui le soutiennent ont en commun d'être hostiles aux expéditions coloniales, et donc à Jules Ferry, qui détournent les énergies et les troupes françaises de la « cause sacrée » : la revanche contre l'Allemagne.

Or le général Boulanger épouse cette cause. Comme ministre de la Guerre, à l'occasion d'un incident d'espionnage mineur entre la France et l'Allemagne, il pousse au conflit entre les deux pays. Du coup, il inquiète les cercles gouvernementaux formés surtout de républicains modérés, les *Opportunistes*, et il n'est pas reconduit au gouvernement.

La popularité de Boulanger s'en trouve accrue. Il la cultive en menant une vigoureuse action de propagande. Selon une recette éprouvée, de nombreux menus objets portant son effigie sont répandus à travers la France par des colporteurs. Mais le fondement de cette audience, en particulier dans les milieux populaires, repose d'abord sur la posture patriotique de Boulanger.

S'y adjoint bientôt sa critique du gouvernement, qui l'a écarté, et de la République parlementaire. Celle-ci, contestée sur sa droite et sur sa gauche pour son modérantisme à l'égard de l'Allemagne, est en outre affaiblie par des scandales financiers (le krach de l'Union générale en 1882) ou des affaires de corruption (un trafic de décorations imputé à son gendre a conduit le président de la République, Jules Grévy, à la démission, fin 1887). Hostile au Parlement, où il est élu comme député boulangiste, avec le jeune Maurice Barrès, en 1889, Paul Déroulède appelle le général Boulanger à débarrasser le pays des « bavards impuissants » !

Les soutiens du général et les forces qu'il intéresse à un moment ou à un autre sont fort divers et on en compte à gauche comme à droite. À gauche, ses premiers appuis viennent des radicaux, et en particulier de Clemenceau – jusqu'à ce que celui-ci, inquiet pour la République, se détourne. Mais il trouve aussi des amis chez les blanquistes. Quant aux socialistes guesdistes, autour de Paul Lafargue, le gendre de Marx, sans s'engager derrière lui, ils voient dans le boulangisme un facteur d'ébranlement du système parlementaire bourgeois. À droite, vers laquelle Boulanger va dériver, les bonapartistes et les monarchistes, en mal de héros, s'engagent. S'y ajoute le courant nationaliste antisémite animé par Édouard Drumont. Ce caractère composite du boulangisme, qui paraît transcender le clivage droite-gauche, même s'il s'ancre finalement à droite, est bien un trait du bonapartisme.

L'ascension boulangiste, on le sait, est restée éphémère car son chef a bronché devant l'obstacle du coup d'État nécessaire à la prise du pouvoir. Plusieurs de ses partisans l'y appellent. Il s'arrête pourtant en chemin. Espère-t-il conquérir le pouvoir autrement, en gagnant sur son nom les élections générales proches ? Veut-il vraiment du pouvoir ? Son ambition ne serait-elle pas seulement de redevenir ministre ? Les historiens en discutent encore. En tout cas, la République modérée se défend fermement et, en le traduisant en Haute Cour, le pousse à fuir vers la Belgique en 1889. Les élections de la même année ayant été décevantes pour le mouvement (malgré trente-huit députés), le reflux s'amorce. Boulanger a déçu ses partisans les plus fervents par son comportement timoré. Le 30 septembre 1891, Boulanger se suicide sur la tombe de sa maîtresse à Ixelles. L'aventure se termine.

Naturellement, il est des bonapartismes qui échouent ! Le boulangisme est de ceux-là. Mais cette aventure avortée comporte bien des traits de ce courant historique : mythe du sauveur, culte du chef, antiparlementarisme, démocratisme plébiscitaire, aspiration à un pouvoir fort, dépassement du clivage gauche-droite. Le thème mobilisateur initial peut varier : avec le premier Bonaparte, c'était la fin de la Révolution, l'ordre et la paix ; avec l'apprenti Bonaparte qu'est le général Boulanger, c'est la revanche et la dénonciation d'un régime présenté comme faible et corrompu. Mais on remarque à chaque époque les traits communs évoqués plus haut.

On trouve aussi dans le bonapartisme un lien dialectique complexe avec la République. Le bonapartisme se réclame de la République, pour la dissoudre. Les tentatives, réussies ou non, de conquête du pouvoir s'inspirent du même schéma dans les cas de Bonaparte, de Napoléon III et de Boulanger. D'où l'ambivalence et la confusion dans lesquelles certains républicains se placent à l'égard de Bonaparte et du bonapartisme. En réalité, la fortune du bonapartisme se nourrit toujours de la faiblesse de la République. La Ire République directoriale, divisée et corrompue, la IIe République se retournant contre le peuple, la IIIe République parlementaire, jugée affairiste et impuissante, suscitent chacune un candidat à leur subversion despotique.

Faute de trouver pour le socialisme montant et face aux courants nationalistes des réponses qui satisfassent leurs exigences contradictoires, la IIIe République en France sera exposée à d'autres attaques et à d'autres crises. Elle se consolidera en les maîtrisant.

La République face aux crises

Après l'épisode boulangiste, la IIIe République subit d'autres attaques. Certaines visent des affaires de collusion entre les dérives d'un capitalisme en plein essor et des cercles du pouvoir politique. Le scandale de Panamá, en 1892 et 1893, alimente la critique des parlementaires « chéquards ». La droite réactionnaire (qui s'organise dans des ligues extrémistes et notamment dans l'Action française) comme les anarchistes (dont certains fomentent des attentats entre 1892 et 1894) dénoncent le parlementarisme qu'ils assimilent à la corruption. D'autres reproches visent l'instabilité ministérielle qui est la tare de cette république ultra-parlementaire. Comment en effet accorder sa confiance à des dirigeants si changeants et interchangeables ? Des conflits, enfin, surviennent en réaction aux offensives conduites contre des associations religieuses par un personnel politique souvent anticlérical qui s'irrite de l'opposition sourde de l'Église à l'égard de la République.

Deux graves crises intérieures marqueront la France au cours des années précédant le XXe siècle. La première est l'Affaire Dreyfus. Elle commence en 1894 avec la mise en cause, infondée, d'un officier alsacien et patriote (dans une affaire d'espionnage) et elle ne se refermera vraiment qu'en 1906 avec sa réhabilitation. Or le capitaine Dreyfus étant juif, se cristallise soudain en France un antisémitisme toujours latent et parfois ouvert. Un concours de circonstances (une prétendue similitude d'écritures sur un « bordereau ») autorise certains, malgré l'absence de preuves, à croire quelques mois à la faute de ce capitaine. L'affaire change de nature quand, dès 1895, l'évidence de la culpabilité d'un autre officier est apportée par le chef du service de contre-espionnage français. Car l'état-major, en pleine connaissance de cause, pour ne pas se déjuger, fait passer ce qu'il croit être « l'honneur de l'armée » avant la vérité et la justice. Il faudra une longue lutte judiciaire et politique, au cœur de laquelle résonnent bien sûr les noms de Clemenceau, Jaurès et Zola, pour que l'infamie ne soit pas victorieuse. La République sort de la crise renforcée puisque, face aux attaques des ligues, un ministère de « Défense républicaine » dirigé par Waldeck-Rousseau prend des mesures énergiques contre l'agitation et rapproche les républicains. Mais l'affaire Dreyfus laisse des traces…

La deuxième crise naît du conflit entre les gouvernements républicains, où l'influence radicale est forte, et l'Église catholique. Émile Combes, qui a succédé à Waldeck-Rousseau, s'appuie au Parlement sur une alliance électorale dite du « Bloc des gauches ». Elle a gagné les élections de 1901 et, sur le thème de la défense de la République, entreprend une vigoureuse politique anticléricale. Elle commence par la dissolution de certaines congrégations religieuses, dont les écoles sont fermées pour non-respect de la toute récente loi de 1901 sur les associations. Les tensions sont fortes. L'épisode se clôt en 1905 par la loi qui établit en France la séparation des Églises et de l'État. La liberté de conscience est assurée. L'exercice des cultes est garanti. La République ne reconnaît, ne salarie, ni ne subventionne aucun culte. C'est une rupture avec la philosophie du Concordat, qui prévalait depuis Napoléon Iᵉʳ. En même temps, cette rupture libère l'Église qui peut s'organiser selon ses règles. Par un paradoxe qui n'est qu'apparent, cette forme assez radicale et propre à la France de la séparation du spirituel et du temporel, qu'on nommera laïcité, ne contrarie pas le ralliement, encouragé par le pape Léon XIII, des catholiques à la République. Celle-ci s'en trouve consolidée.

Cette France républicaine n'est pas, on l'a vu, à l'abri des fièvres. L'instabilité ministérielle affecte son efficacité. Elle se saisit mal de la question sociale, qui entraîne la progression des socialistes dans des élections successives au tournant du XIXᵉ et du XXᵉ siècle. Elle est prospère, même si sa prospérité est plus financière qu'industrielle. Elle se désole toujours de la perte de l'Alsace-Lorraine, cette blessure que lui a laissée le Second Empire. Mais elle s'enorgueillit de posséder un puissant empire colonial, et si elle l'a conquis et souvent administré avec des méthodes peu compatibles avec ses principes proclamés, elle affirme y exercer une « mission civilisatrice ». Elle a su, en tout cas en métropole, édifier une forme de « modèle républicain » dans lequel une majorité de citoyens se reconnaît. Elle n'est plus contestée qu'aux extrêmes, des extrêmes qui semblent d'ailleurs, on le verra, s'éloigner du bonapartisme.

C'est de l'extérieur que vont venir la grande menace, puis la tragédie. L'Allemagne, qui s'était unifiée et renforcée au XIXᵉ siècle (après les invasions napoléoniennes), a développé sa puissance industrielle et réalisé des avancées sociales, mais son régime politique est resté archaïque : il est monarchique, autoritaire et militarisé. Or cette Allemagne en expansion est insatisfaite. Des tensions renaissent entre l'Allemagne et la France (et aussi avec la Grande-Bretagne) à propos des partages coloniaux. Après le coup de Tanger (en 1905), la crise d'Agadir (en 1911) et des disputes pour le Congo ou le Cameroun, il suffira que le brandon de la discorde se rapproche de la « poudrière balkanique », où courent les passions nationales inassouvies, pour que démarre la réaction en chaîne. Tenues par leurs systèmes d'alliance, enfermées dans leurs antagonismes, les grandes puissances européennes vont aller à la guerre en août 1914, sans deviner qu'elle sera mondiale, longue et dévastatrice pour l'Europe. Celle-ci va en sortir traversée de profonds déséquilibres.

Le bonapartisme
entre la droite réactionnaire et le fascisme

En 1918, la France émerge victorieuse et exsangue d'une effroyable guerre de quatre ans. D'abord dominent l'euphorie de la victoire – après de si durs sacrifices –, le bonheur de la paix retrouvée et la satisfaction de la reconquête de l'Alsace-Lorraine – dont l'espoir du retour dans le giron national avait cristallisé l'esprit de « revanche » depuis plus de quarante ans. S'y ajoute la satisfaction, imprudente, d'imposer à l'ennemi allemand de dures conditions de paix.

Même si le nord et l'est de la France ont beaucoup souffert puisque l'essentiel de cette guerre mondiale s'y est enlisé, la France n'est pas bouleversée comme l'Italie et l'Allemagne. Chez nous, il n'y a pas l'âpre humiliation de la défaite, pas de changement de régime ni d'affrontements violents entre des groupes révolutionnaires (inspirés par la révolution d'Octobre 1917) et des formations contre-révolutionnaires (souvent d'anciens soldats humiliés par la défaite et travaillés par l'extrême droite). La France appartient au camp des vainqueurs. Elle fait partie des puissances satisfaites qui n'ont plus, en Europe, de revendications territoriales. À l'intérieur, sa pratique désormais ancienne de la démocratie semble la préserver des tensions excessives.

Pourtant, l'arrière-plan du tableau est plus sombre. La France s'est épuisée dans une guerre longue que ni elle ni l'Allemagne n'ont su interrompre et dans le feu de laquelle les deux pays ont jeté leur jeunesse jusqu'au dénouement final. En France, pays de 39 millions d'habitants à natalité faible, la saignée opérée par la guerre est terrible : 1 300 000 tués, militaires et civils et 4 250 000 blessés. Passé la joie de la victoire et l'éphémère unanimité qu'elle suscite, le pays est rapidement confronté au poids des pertes humaines et des destructions subies, au déséquilibre provoqué par la fin de l'économie de guerre et à de vives tensions sociales (dans les années 1919 et 1920).

Pendant les vingt années qui, de 1918 à 1939, vont conduire de la guerre à la guerre, le régime de la IIIᵉ République conserve des traits négatifs qui pourraient favoriser la réapparition d'une tentation bonapartiste. Ainsi, l'instabilité ministérielle chronique, les divisions des partis politiques, des scandales politico-financiers (l'affaire Stavisky, en 1933-1934), les crises économiques (en 1919-1921 et à partir de 1932), de fortes tensions sociales et une politique extérieure sans cohérence face à l'Allemagne troublée et inquiétante l'affaiblissent.

Et, de fait, pendant cette période, avec une intensité accrue quand la crise mondiale touche la France après 1932, des mouvements politiques hostiles à une république parlementaire jugée impotente s'agitent et protestent au Parlement comme dans la rue. Ils n'aboutiront pourtant pas à la résurgence d'une force bonapartiste capable de conquérir le pouvoir.

Plusieurs raisons l'expliquent. La République, aussi instable soit-elle dans son expression parlementaire, a désormais appris à se défendre. La mésaventure du Second Empire et l'alerte boulangiste font partie de sa mémoire. La République est sortie de l'enfance. Contre l'Action Française dans les années 1920 ou contre les ligues dans les années 1930, elle saura à plusieurs reprises se montrer ferme.

En outre, pour qu'un bonapartisme s'impose, il lui

faudrait un seul « Bonaparte ». Or, aucun des hommes qui, dans les années 1920 ou 1930 (Léon Daudet, La Rocque, l'industriel Coty – qui se dit « fermement bonapartiste » –, Doriot, Déat), pourrait aspirer à ce rôle n'est en mesure de fédérer ou de supplanter les autres. Chacun n'est un chef charismatique que pour son propre mouvement.

De plus, l'opposition entre la droite et la gauche, que le bonapartisme aspire à dépasser, est alors trop forte pour être effacée. À gauche, le parti socialiste SFIO, qui progresse aux dépens du radicalisme, est aussi attaché que ce dernier à la République. Le Parti communiste, né en 1920, va suivre, sur instruction de l'Internationale communiste, deux lignes politiques successives opposées mais qui vont l'une et l'autre protéger la République parlementaire. Car, la première, sectaire, dite « classe contre classe », l'isole de tous ; et la seconde, œcuménique, dite de « rassemblement populaire », le lie à la gauche dans un pacte anti-fasciste. La droite, qui tantôt s'unit, tantôt se divise, est, pour sa tendance conservatrice républicaine, attachée à un régime parlementaire qu'elle dirige (avec Poincaré ou Tardieu par exemple) ou qu'elle garde sous contrôle quand la gauche provisoirement l'emporte (au moment du Cartel des gauches en 1924 ou du Front populaire en 1936). Quant à sa fraction réactionnaire, elle reste longtemps sous l'influence de Maurras, qui est monarchiste, aristocratique et antipopulaire plutôt que césariste.

Enfin, depuis 1870, la France a eu le temps de façonner une culture démocratique, antidote contre les factieux. Pensons au suffrage universel (toujours masculin), à ses multiples partis, à ses syndicats, ses associations (vivifiées par la loi de 1901), ses corps intermédiaires, sa presse, ses débats parlementaires même véhéments.

Dans les années 1920, et plus encore dans les années 1930, une nouvelle mouture du bonapartisme ne peut s'agréger. L'espace idéologique et politique est déjà en partie couvert, à droite, par le vieux courant réactionnaire, parfois religieux, souvent aristocratique, longtemps nationaliste, héritier de la contre-révolution. Il est bientôt envahi, toujours à droite et parfois en mordant sur la gauche, par de nouveaux mouvements, à la fois réactionnaires et révolutionnaires – alors que le bonapartisme n'est ni l'un ni l'autre –, plus ou moins imités des fascismes voisins. L'antisémitisme militant, absent du bonapartisme, discret dans le boulangisme, se développe. Les forces politiques qui naissent, dans le trouble et les désordres de l'après-guerre, puis dans les difficultés provoquées par la crise, semblent se réclamer d'un nouveau schéma césariste.

Les Croix-de-Feu, nationalistes, sont créées en 1927 dans la mouvance d'anciens combattants glorieusement décorés, pour leur vaillance au feu. L'organisation prend son essor en 1929 quand le lieutenant-colonel François de La Rocque en devient le chef. Ce mouvement est peut-être celui qui se rapproche le plus de l'inspiration bonapartiste par sa manière de mêler goût de l'ordre, préoccupations sociales, volonté de brasser les classes, patriotisme et charisme du chef à la réputation d'officier courageux. Ayant atteint plusieurs centaines de milliers d'adhérents, refusant avec leur leader l'assaut contre le Parlement en 1934, les Croix-de-Feu sont pourtant dissoutes avec les autres ligues en 1936, car leur puissance inquiète. Dans leur mouvance sera créé ensuite, en 1936, le Parti social français (PSF) qui atteindra à la veille de la guerre près d'un million d'adhérents. Rejetant le racisme et l'antisémitisme, nationaliste, partisan d'un régime fort, récusant le fascisme, le PSF prend la forme d'un grand parti de droite autoritaire, modernisé au goût du jour, et candidat à remplacer les vieilles formations conservatrices traditionnelles. Ayant approuvé Pétain, mais étant entré dans la Résistance en 1942, La Rocque sera déporté. Mis en résidence surveillée à son retour d'Allemagne, puis libéré, il mourra en avril 1946.

Les Jeunesses patriotes, fondées en 1924 par Pierre Taittinger, venu du mouvement bonapartiste, s'inscrivent dans l'héritage de Déroulède. Violemment anticommunistes, favorables à un régime fort, elles atteindront sans doute cent mille membres en 1934 avant d'être dissoutes avec d'autres ligues en 1936. Elles se disperseront alors dans diverses formations d'extrême droite.

Le Faisceau, repris de Mussolini, est créé en 1925 par Georges Valois. Il ne prospère guère. Plus tard, passé à gauche, résistant, arrêté par la Gestapo, Georges Valois mourra à Bergen-Belsen.

Le Parti franciste, créé par Marcel Bucard en 1933, est inspiré par Mussolini. Rassemblant des militants peu nombreux mais agressifs, associant le culte de Jeanne d'Arc et celui des communards, arborant chemises bleues, baudriers et bérets, ce mouvement – dont le chef touche très vite de l'argent de l'Italie fasciste – sera collaborationniste avant l'heure et marginal. Il sera dissous en 1936. Son chef, engagé dans la collaboration, sera condamné à mort et fusillé en 1946.

Marcel Déat, transfuge du Parti socialiste, dont il est exclu en 1933 (avec ceux qu'on a appelés les « néos »), longtemps antiraciste et proche des sionistes, crée un petit parti de notables, anticommuniste et pacifiste.

Après la défaite, rallié à Pétain, il voudra unifier sous sa férule les mouvements collaborationnistes de la zone occupée en un parti unique qui prendrait pour modèle les fascismes allemand et italien. Par opportunisme et goût du pouvoir, il s'engagera dans une collaboration totale avec l'Allemagne nazie vers laquelle il fuira en 1944. Condamné à mort, réfugié sous un nom d'emprunt dans un couvent italien, il y mourra en 1955.

Le Parti populaire français (PPF) est sans doute le seul parti de masse qu'on peut apparenter directement au fascisme. Il est créé par Jacques Doriot, un ouvrier ayant combattu pendant la guerre, devenu député et maire communiste de Saint-Denis. Il a été membre de la direction du Parti communiste et a même espéré en devenir le Secrétaire général (c'est Maurice Thorez qui sera préféré par Moscou). Il en est exclu en 1934, au moment où pourtant la ligne qu'il préconisait est retenue par l'Internationale communiste. Doriot était hostile à la stratégie « classe contre classe » et favorable à la tactique d'unité d'action avec les socialistes. Déçu, frustré dans ses ambitions, avide de jouer un rôle, Doriot dérive rapidement. Après des contacts avec des personnalités nationalistes et certains milieux d'affaires – qui le financent –, Doriot crée en juin 1936 le Parti populaire français dont le succès est rapide. Les premiers responsables, sortis comme leur chef du communisme, sont progressivement supplantés par des hommes venus de l'extrême droite nationaliste. Violemment anticommuniste et antiparlementaire, devenu antisémite, partisan d'une entente avec l'Allemagne, utilisant des rituels de type fasciste, le PPF, qui compte plus de cent mille membres à son apogée, en 1937-1938, reflue à la veille de la guerre. Après la défaite, Jacques

Doriot et ses lieutenants s'engageront totalement dans la collaboration avec le régime nazi – lui-même allant combattre avec la Légion des volontaires français sur le front de l'Est. Parti en Allemagne en janvier 1945, il meurt mitraillé par un avion sans avoir réalisé son projet de diriger la France en s'appuyant sur un parti unique de son cru.

Le foisonnement de ces mouvements politiques éphémères passant, parfois en quelques mois, de la grande popularité (avec des adhérents en masse) à la marginalisation (les bailleurs de fonds s'éloignant) témoigne de l'instabilité politique qui règne aux marges de la IIIe République, sur sa droite comme sur sa gauche, dans les années 1930. Les trajectoires aléatoires suivies par nombre de leurs leaders, souvent hors de leur position initiale – trajectoires qui prendront sens à la fin des tragiques et décisives années 1940-1945 –, révèlent la confusion des idéologies et des valeurs qui gagne l'Europe et la France des deux guerres et de la crise. Les ressorts du bonapartisme semblent trop simples pour la nouvelle époque. Ici ou là, des personnalités s'en réclament encore et certains traits des nouveaux mouvements autoritaires les rapprochent de lui. Mais cette référence semble être démodée par des formes politiques et organisationnelles modernes nées des chocs et des passions du temps.

Aussi véhéments que se soient montrés ces mouvements dans la contestation du régime parlementaire, aucun n'a été véritablement en mesure de renverser la République. Celle-ci les a combattus, marginalisés ou digérés. Les émules ou les imitateurs français des fascismes étrangers sont restés à la porte du pouvoir, comme le bonapartisme boulangiste y avait été maintenu quelques décennies plus tôt. En France, la culture démocratique s'est révélée la plus forte.

Seules la défaite de 1940 et la projection du totalitarisme hitlérien sur notre pays, dans le cadre d'une « collaboration » inégale, submergeront, pour un temps, la République. Des leaders des mouvements factieux des années 1930 poursuivront alors leur carrière, au pouvoir ou dans ses allées, jusqu'à la chute de 1944-1945. La menace du fascisme allemand contre la paix et la démocratie, que la France comme les Anglo-Saxons avaient sous-estimée, n'ayant pu être conjurée ni vaincue, le temps de la grande épreuve vient.

Pétain : un « bonapartisme » de la défaite

L'appel au maréchal Pétain en juin 1940, après la « débâcle », s'inscrit dans un processus bonapartiste paradoxal. Il s'agit bien de faire appel à un « sauveur ». Mais jusque-là, dans l'histoire politique française, ce type de héros s'imposait par ses victoires. Victoires remportées, dans le cas de Bonaparte. Victoires remémorées, avec Napoléon III. Victoire-revanche, promise par Boulanger. Victoires fantasmées, contre la peur de l'« étranger » intérieur ou extérieur, avec les ligues de l'entre-deux-guerres.

Le recours à Pétain, qui « fait don de sa personne à la France » en tant qu'« homme providentiel », ne doit rien au son des victoires mais tout au silence de la défaite. L'armée française a combattu (ses pertes en témoignent), elle a été tournée, puis culbutée par une armée allemande supérieure. Elle s'est bientôt débandée. Le chef à qui la France se donne, lui, n'est pas un vaincu – il a quatre-vingt-quatre ans en 1940 ! Il est au contraire auréolé des victoires remportées au cours de la Grande Guerre. Mais on ne recourt pas à lui pour préparer une résistance dans l'espoir de succès futurs. Il lui est demandé d'user de son prestige pour protéger le pays des conséquences immédiates et extrêmes de la défaite. Il prétendra le faire, avec sa vision et à ses conditions, qui seront, en fait, celles que consentira l'occupant nazi.

Le vote des « pleins pouvoirs » à Pétain par les parlementaires français, le 10 juillet 1940, est marqué du sceau, discuté, de la légalité. Ce vote n'est pas un coup de force à l'image du 18-Brumaire. Il s'inscrit pourtant dans la tradition bonapartiste. En un temps d'épreuve et de crise grave, alors que la République se défait, un groupe d'hommes décidés (en l'espèce Laval, Bergery, Déat et quelques autres) ralliés à un personnage glorieux et populaire poussent les corps constitués et entraînent la nation à confier leur destin à un chef auquel tout le pouvoir est remis.

Naturellement, l'exercice d'un pouvoir de ce type dépend fortement de la personnalité du leader choisi et des circonstances qui l'ont vu naître. Le jeune et brillant général de trente ans, Bonaparte, sûr de son destin, avait canalisé à son profit, en 1799, l'énergie de la France postrévolutionnaire. Le président de la République de quarante-trois ans, Louis-Napoléon, porteur d'un nom célèbre et légitimé par le suffrage universel, s'était, en 1851, saisi du pouvoir avec assurance. Philippe Pétain, ancien chef militaire illustre, au déclin de sa vie et au lendemain d'une défaite, accepte de composer, en 1940, avec une puissance totalitaire victorieuse. Il incarne un bonapartisme de la sénescence.

Car des traits de bonapartisme se retrouvent bien dans les trois régimes, peints différemment par l'époque : mythe du sauveur, chef charismatique placé au-dessus des factions et uni directement au peuple, pouvoir personnel dictatorial, symbolisé par le serment de fidélité au chef de l'État, abaissement du Parlement, censure et musellement de l'information, étouffement des oppositions, domestication des contre-pouvoirs, centralisation administrative et accroissement des pouvoirs des préfets, usage massif de la propagande, restrictions sévères infligées aux libertés publiques. Comme lors du Premier Empire, le principe d'autorité – du chef de l'État, de l'armée, de l'Église, du patron, du mari et du père – est au fondement du régime de Vichy. Si le pétainisme s'apparente au bonapartisme, il est un bonapartisme de l'échec, de la soumission à l'ennemi et de la décadence, un bonapartisme du « bouclier » et non du « glaive »…

Les conditions d'existence du régime dit de la « Révolution nationale » et son évolution intérieure et extérieure ont conduit les analystes à distinguer le pétainisme de la matrice bonapartiste et à insister, non sans raison, sur sa spécificité. Le rapprochement avec le bonapartisme a été contesté à cause de la nature même du régime de Vichy. Dans l'histoire de la vie politique en France, il est tentant en effet de tirer le pétainisme – au prix d'un certain écartèlement – soit vers la droite réactionnaire, revigorée par l'air du temps, soit vers le fascisme. On retrouve là certaines des interrogations formulées à propos des ligues.

En réalité, le régime de Vichy n'est pas homogène. La Révolution nationale, elle non plus, n'est pas « un bloc ». Elle est née d'une défaite cruelle et imprévue, qui a bouleversé le destin de la nation et dévié les trajectoires des individus. Cette défaite entraîne une profonde perte de repères et crée une situation extrême dans laquelle ceux qui s'engagent doivent soudain décider, au cœur d'une déchirure, de leur destin.

Au sommet du régime, il y a la dictature personnelle du maréchal Pétain, qui s'est saisi des « pleins pouvoirs » qui lui ont été consentis. Il est à la fois le chef de l'État et le chef du gouvernement (du moins jusqu'en 1942) ; il dispose aussi du pouvoir législatif (aidé par le Conseil d'État), puisque le Parlement n'a plus d'existence. Il pèse de tout son poids sur l'autorité judiciaire. Dans toutes les mairies, le buste du Maréchal chasse celui de Marianne. Quel symbole !

Sous le pouvoir personnel de l'homme désigné comme « sauveur », et derrière le rejet commun aux dirigeants de Vichy du régime parlementaire antérieur (les symboles de la République sont partout effacés), se cache un régime composite.

Au lendemain de la défaite, l'adhésion très large des Français à la personne du maréchal Pétain, le rassemblement qu'il propose au moment où tout s'affaisse – l'armée, la IIIᵉ République et la société française coupée en deux par la ligne de démarcation – font de la résignation à l'armistice une solution du moindre mal. Le pétainisme à ses débuts peut se réclamer (même sans plébiscite) d'un des traits des bonapartismes commençants : la faculté de transcender les clivages, d'effacer les factions et d'obtenir dans l'opinion un consensus.

En outre, des hommes venus de la gauche comme de la droite se sont ralliés au régime de la Révolution nationale – et ce mélange est, on le sait, l'un des attributs du bonapartisme. Clarifions pourtant ce point, car il relève pour une bonne part d'une illusion d'optique. Jacques Doriot, ancien haut dirigeant du Parti communiste, avait dérivé vers l'ultra-conservatisme et même fondé un parti de type fasciste dès 1936. Marcel Déat, ancien responsable socialiste, avait été exclu de la SFIO dès 1933. Hostile à l'antisémitisme et au fascisme jusqu'à la guerre, il avait rallié l'extrême droite plus tardivement. Emporté par son ultra-pacifisme et poussé par l'opportunisme politique, il a, après la défaite, rejoint le camp de la collaboration. Dès l'été 1940, Déat propose au maréchal Pétain un parti unique de type fasciste s'inspirant des modèles italien ou allemand – sans succès. On n'est donc plus dans le basculement d'une personnalité reconnue à gauche.

Parmi les ralliés à Vichy, il y a certes d'anciens socialistes, radicaux ou libertaires, d'ex-syndicalistes, généralement pacifistes et anticommunistes – comme il y avait eu des Jacobins suivant Napoléon Ier, des proudhoniens rejoignant Napoléon III ou des blanquistes séduits par Boulanger. Mais leur influence n'est pas telle qu'on puisse dire que le pétainisme a dépassé le clivage droite-gauche pour devenir un mouvement politique surplombant les partis. Car le régime de Vichy n'a pas rallié les partis, il les a suspendus.

Dans les faits, sous le drapeau de la Révolution nationale, se sont essentiellement agglomérées des droites. Là aussi, précisons. Des personnalités marquantes de la droite classique ont refusé d'appuyer le nouveau régime, tels Paul Reynaud ou Georges Mandel. Des hommes et des femmes aux convictions politiques très ancrées à droite ont refusé la collaboration ou se sont même engagés dans la Résistance. Une personnalité comme le colonel de La Rocque, situé à l'extrême droite (mais il est vrai, plus bonapartiste d'inspiration que fasciste), rallié à Pétain mais hostile à la collaboration active et notamment au statut des juifs, veut libérer la France du joug allemand et le paie de la déportation.

Pourtant, dans les références idéologiques de Vichy, dans son programme (appliqué sous la contrainte de l'occupant) comme dans ses cercles dirigeants, diverses familles de la droite se retrouvent. Elles sont maurrassienne (même si Maurras n'est pas personnellement à Vichy et si son espérance de restauration monarchique est déçue), catholique (même si l'Église, après avoir soutenu le régime, prendra ses distances), militaire, traditionaliste, proche de l'extrémisme et du fascisme, patronale, corporatiste, paysanne ou technocratique. Les strates et les cultures, anciennes ou récentes, de la droite, se joignent et aussi se disputent la prédominance à Vichy.

Le maréchal Pétain domine ces cercles. Il est très populaire chez les anciens combattants et leurs proches – nombreux alors –, car il a la réputation d'avoir ménagé ses soldats aux moments clefs de la guerre victorieuse précédente. Plus largement, il est une figure paternelle à qui l'on s'en remet dans un moment d'épreuve nationale. Par son tempérament et ses convictions – il est conservateur, hostile au parlementarisme, anticommuniste, antisémite, et il déteste la franc-maçonnerie –, il est tout à fait en mesure de fédérer ces droites concurrentes, même si – jaloux de son autorité – il n'entend céder à aucune. Dans les formes de son organisation politique, la dictature pétainiste recourt à des instruments de pouvoir qu'on retrouve dans les deux anciens régimes bonapartistes. Mais son origine et son essence, écartelées entre la droite traditionaliste et le fascisme, sont différentes et la singularisent.

L'état de dépendance dans lequel vit le régime de Vichy lui interdit d'être un véritable bonapartisme, car un pouvoir dominé ne saurait être lui-même dominant. Sous la pression de l'Allemagne national-socialiste, les autorités de Vichy vont passer, insidieusement d'abord, puis ouvertement à partir des années 1942-1943, d'une collaboration préservant une certaine autonomie politique (dont la zone sud est une expression) à une subordination complète aux occupants nazis.

Les premières difficultés rencontrées par les troupes allemandes sur le front de l'Est, l'entrée en guerre des États-Unis, puis le débarquement allié en Afrique du Nord en novembre 1942 marquent une généralisation et une radicalisation de la Seconde Guerre mondiale. La donne change. L'Allemagne n'a plus contre elle la seule Angleterre. Elle va devoir affronter l'énorme puissance industrielle et militaire des États-Unis, dans l'immédiat en Afrique et sans doute demain en Europe. Elle ne bénéficie plus de la retenue de son ancien partenaire du pacte germano-soviétique redevenu son ennemi.

Hitler n'exige pas du chef du régime de Vichy qu'il se départe de la posture de « neutralité » qu'il affecte, car le Führer allemand n'entend pas hisser la France vaincue au rang d'alliée. Mais les faux-semblants de l'« autonomie » et de la « collaboration » ne sont plus de mise. Les côtes françaises peuvent être l'objectif prochain des Alliés, et la France devenir à nouveau un théâtre d'opérations. Aucune force antagoniste potentielle ne peut y être tolérée. Or l'occupant sait que les groupes de Résistance, même faibles, augmentent en nombre. La zone sud doit disparaître et l'autorité du

Reich s'étendre à la France entière. Quant au régime de Vichy, il lui faut passer d'une posture de collaboration où le quant-à-soi et la ruse sont parfois possibles à une totale soumission à l'occupant.

Les étapes en sont marquantes. Il y a le retour de Laval, partisan de nouvelles concessions à l'Allemagne, à la tête du gouvernement en avril 1942. En juin de la même année, sur l'impérieuse requête des autorités allemandes, qui ont besoin de main-d'œuvre dans leurs usines, est annoncée la création d'un Service du travail obligatoire (STO) à destination de l'Allemagne. À partir de février 1943, la « relève » des prisonniers français outre-Rhin (un prisonnier libéré pour trois travailleurs transférés !), pratiquée jusqu'ici, n'étant pas suffisante, des centaines de milliers de jeunes Français, souvent requis de force, doivent rejoindre l'Allemagne – ils y seront sept cent mille en 1944. Des dizaines de milliers de jeunes se dérobent aux réquisitions, des milliers rejoignent les maquis.

Autre marque de sujétion et aussi de durcissement du régime : en janvier 1943, une décision officielle de Vichy crée la Milice, couronnant ainsi les initiatives d'un activiste d'extrême droite, Joseph Darnand, qui avait monté pour son propre compte un service d'ordre légionnaire (le SOL). L'organisation s'approprie des leviers de commande dans l'appareil judiciaire et répressif français, traque les juifs et les résistants, et se livre à des assassinats politiques ciblés (Victor Basch, Jean Zay, Georges Mandel sont tués). Or Darnand place cette phalange armée sous l'autorité directe de l'occupant et de son bras armé : la Gestapo. À la fin, le régime est à la fois totalement vassalisé et dominé à l'intérieur par les collaborateurs fascistes.

La politique antisémite de Vichy aussi change de nature. On sait qu'elle n'était pas seulement le fruit de l'obéissance aux nazis, même si elle deviendra tragique sous leur pression, lorsque commenceront les rafles et les déportations. Dès le début, la Révolution nationale est, de son propre chef, antisémite. Elle prolonge, officialise et traduit en décisions politiques un état d'esprit hostile aux juifs qui est présent en France. En invoquant des prétextes religieux ou culturels, des publicistes et des groupes politiques, le plus souvent d'extrême droite, avaient exacerbé cet antisémitisme après l'affaire Dreyfus et dans les années 1930. Dès 1940, Vichy adopte les premières lois antisémites et publie un « statut des juifs ». Ceux-ci sont exclus des fonctions électives, de divers secteurs de la fonction publique, des médias et de la culture, cependant que leur nombre est sévèrement limité dans l'enseignement. En zone occupée, les conditions imposées par les nazis sont plus brutales encore : recensement systématique, interdiction d'accès à divers lieux publics, couvre-feu particulier, puis, en mai 1942, port de l'étoile jaune.

Mais, dès mars 1941, après la création du Commissariat général aux questions juives (dirigé par Xavier Vallat, puis par Darquier de Pellepoix, plus violemment antisémite encore), le régime de Vichy durcit sa politique contre les juifs. Surtout, en 1942, alors que les dirigeants nazis ont décidé la « Solution finale », Vichy leur offre le concours de la police française pour traquer les juifs et les leur livrer. La rafle du Vel'd'Hiv' des 16 et 17 juillet 1942 inaugure les vagues d'arrestation à travers lesquelles en 1942, 1943 et 1944, soixante-quinze mille juifs (français ou non) seront déportés. Deux mille cinq cents d'entre eux seulement survivront aux camps de la mort. Seuls la réticence de quelques cercles administratifs, l'action de certains réseaux notamment religieux, les actes individuels courageux de milliers de Français, l'action des juifs eux-mêmes empêcheront que le nombre des déportés soit encore plus élevé. Cette dimension du régime de Vichy, dans sa complaisance idéologique comme dans sa soumission pratique à l'égard de la politique antisémite des nazis, suffirait à elle seule à séparer le pétainisme du bonapartisme tel qu'il s'était jusque-là exprimé en France.

En réalité, si le pétainisme, quand il s'instaure au lendemain de la défaite, recèle, comme régime dicta-torial, nombre de traits du bonapartisme, l'engrenage qu'il accepte l'en éloigne irrésistiblement. Dans l'histoire politique française, et jusqu'à Vichy, le bonapartisme s'était nourri de victoires : victoires réelles ou victoires espérées. Le bonapartisme avait aussi été confronté à la défaite, qui l'avait disloqué : ce fut le cas en 1815 et en 1870. Mais il n'avait jamais été assujetti à une puissance étrangère. Cet état de soumission est en effet la négation de ce que le bonapartisme prétend être : un régime de la puissance, hégémonique à l'extérieur et unificateur à l'intérieur.

De fait, alors que s'enfonce dans l'ignominie le régime de la collaboration avec le nazisme, un astre d'une autre nature, que certains – nous verrons si c'est à tort – ins-criront aussi dans la constellation bonapartiste, s'est levé à l'horizon, éclairant le drapeau de la Résistance : le gaullisme. Après la victoire des démocraties sur les totalitarismes, le bonapartisme survivra, curieusement, en France… sous forme de traces.

6

L'empreinte du bonapartisme aujourd'hui

L'Empire de Napoléon Ier, puis le Second Empire se sont achevés sur des désastres. Le général Boulanger (dans l'opposition) et le maréchal Pétain (au pouvoir), qui peuvent être apparentés au bonapartisme, n'évoquent pas des souvenirs glorieux. Et pourtant, on continue à se référer en France au bonapartisme de manière diverse mais souvent flatteuse.

Un journaliste estimé, Alain Duhamel, intitule un livre sur Nicolas Sarkozy : *La Marche consulaire*. Un président d'un institut de sondage, Stéphane Rozès, écrit à propos de la même personnalité politique : « Le pays peut accepter un Bonaparte, un bousculement des corps intermédiaires, à condition que le président soit au service d'un dépassement commun. » Un responsable de la Droite forte, courant important de l'UMP, organise la « fête de la Violette » en hommage à cette fleur « populaire, aux vertus de vitamine, symbole de fidélité aux convictions et aussi de ralliement des bonapartistes qui avaient un rapport direct avec le peuple ». À l'extrême droite, le chef de cabinet de la leader du Front national déclare : « La France, c'est l'État, un État central qui doit être autoritaire, bonapartiste. »

S'agit-il de fleurs de rhétorique destinées à imager le langage politique ? Emprunte-t-on au vocabulaire du bonapartisme comme on le fait à celui de la Révolution ou de la Résistance ? Ce serait déjà significatif. Ou s'agit-il de correspondances plus profondes avec une culture et une aspiration bonapartistes dans notre pays ? Le rôle joué par le général de Gaulle y serait-il pour quelque chose ? Pour y voir clair, un retour sur notre vie politique depuis la guerre s'impose.

Les institutions de la Ve République définies par le général de Gaulle et approuvées par le peuple français, par référendum, ont désormais un demi-siècle. Elles ont restauré l'élection du président de la République au suffrage universel direct, mode de désignation qui n'avait servi qu'une fois, sous la IIe République, et qui avait porté au pouvoir Louis-Napoléon Bonaparte. Ces institutions assurent la prédominance du pouvoir exécutif sur le législatif. D'où vient ce legs du gaullisme et quel est son sens ? Le gaullisme lui-même est-il un courant de droite autoritaire, en filiation avec le bonapartisme ? C'est ce qu'a suggéré, non sans nuances, René Rémond, dans son livre devenu classique sur *Les Droites en France*. Prendre le gaullisme à sa source, dans la Résistance, permet de donner une première réponse à cette question. À mon sens, elle est négative.

Le gaullisme de la Résistance
n'est pas un bonapartisme

De Gaulle ne voulait sans doute pas être un nouveau Bonaparte. Il savait aussi qu'il ne le pouvait pas.

L'homme qui lance le 18 juin, depuis Londres, un appel aux Français à ne pas désespérer dans la défaite, mais à croire en une victoire future, est une personnalité peu connue de ses compatriotes. Ce général vient d'entrer en politique, comme membre du gouvernement Paul Reynaud, en juin 1940. Il a la réputation, dans les cercles militaires et politiques, d'être un officier brillant, lucide et assuré de sa valeur. Il a essayé en vain, les dernières années, de convaincre ses chefs de l'importance des blindés dans les guerres modernes. Or ces blindés, allemands en l'occurrence, viennent de percer les fronts français et de vaincre nos armées. Le général de Gaulle a quitté la France pour l'Angleterre le 17 juin. Il refuse l'armistice demandé à Hitler par le maréchal Pétain – qui, dans la débâcle, a été nommé président du Conseil. Il veut que la France poursuive la lutte et il préconise que le gouvernement s'installe hors de la métropole quelque part dans l'empire colonial français, sans doute en Afrique du Nord.

Rapidement, bien qu'il se soit dressé contre un régime autoritaire, réactionnaire et qui se compromet avec l'Allemagne nazie – ce qui aurait pu valoir à ce général un brevet de démocrate –, de Gaulle est accusé par les Anglo-Saxons et même par des personnalités françaises hostiles à Vichy d'être tenté lui-même par l'autoritarisme. On ne doute pas de son patriotisme qui explique sa dissidence présente ; on suspecte ses intentions politiques futures.

Plusieurs motifs nourrissent cette méfiance : son milieu familial, traditionaliste et très catholique ; ses lectures, parmi lesquelles celles de Maurras ; son statut de militaire ; ses critiques acerbes du parlementarisme de la IIIe République ; son premier entourage à Londres où apparaissaient des anciens de la droite extrême ; son caractère enfin, altier, volontiers colérique et réfractaire à la critique.

De la part des dirigeants anglais et américains, les attaques peuvent sembler assez logiques. En dépit – ou peut-être à cause – de sa situation de dépendance à leur égard, le général français leur résiste et se montre pointilleux sur ce qui touche aux intérêts français, tels qu'il les voit. Comme pour conjurer sa dépendance, il surjoue l'indépendance. Roosevelt, qui ne l'aime pas et ne le comprend pas, Churchill, qui est mieux placé pour mesurer sa valeur et déchiffrer sa personnalité, sont déconcertés par son mélange d'emphase et de froid réalisme. Ils savent avoir besoin de lui comme symbole de la résistance de la France, comme point d'appui dans l'immense bataille militaire et idéologique engagée contre les puissances de l'Axe. Du moins s'ils ne trouvent pas une autre figure, aussi représentative et plus docile. Ils s'y essaieront à Alger avec le général Giraud (évadé d'Allemagne), ou encore avec l'amiral Darlan, longtemps lié au pétainisme. Finalement, les Alliés se résignent à rester solidaires du général de Gaulle, d'autant que la Résistance intérieure française reconnaît le leadership de l'homme de Londres. Cependant, la prétention de De Gaulle à parler seul au nom de la France exaspère ses protecteurs, et sa façon d'écarter ses rivaux et d'affirmer son leadership, méthodique et habile, les inquiète.

L'attitude des Américains et des Britanniques a peut-être aussi des raisons plus profondes. La France, en s'effondrant, les a déçus. À leurs yeux, elle a perdu son rang. En outre, au plan stratégique, les Français libres représentent une force dérisoire en comparaison des moyens qu'eux-mêmes déploient dans cette Seconde Guerre mondiale. Prendre en compte les intérêts d'une France occupée par les Allemands n'est pas leur préoccupation première. Au plan politique, pour l'Amérique démocrate et pour l'Angleterre parlementaire affrontées à trois dictatures (l'Allemagne, l'Italie et le Japon), la légitimité d'un futur pouvoir en France ne pourra résulter que d'élections libres. Cette légitimité, nul ne peut, selon eux, se l'arroger d'avance, quelle que soit la justesse de la cause invoquée.

Des craintes s'expriment également chez des responsables français opposés à Vichy. Elles viennent des communistes qui, engagés avec retard dans la Résistance (pour l'essentiel, après l'attaque hitlérienne contre l'URSS en juin 1941), y ont depuis gagné des positions solides. Ils ont leurs propres visées, dépendantes des instructions de Moscou. Des inquiétudes émanent aussi des anciennes formations politiques, notamment de socialistes et de radicaux qui, fortement attachés à la démocratie, s'interrogent sur le sens des critiques formulées par de Gaulle contre « le régime des partis ». Des doutes s'expriment même, parfois, chez des proches du général, préoccupés par la brusquerie de son caractère et par son allergie à la critique. Ainsi Raymond Aron, rallié tôt à la France libre, évoque-t-il, à propos du général, dans un article de l'époque, « l'ombre des Bonaparte ».

Il n'est pas facile, du moins au début, de percer les intentions du général de Gaulle à propos du futur institutionnel d'une France redevenue souveraine. D'une part, parce que sa préoccupation première est militaire : il veut constituer une force armée capable de participer de façon effective à la guerre contre l'Axe. D'autre part, parce qu'il s'en tient d'abord à une certaine neutralité politique. Son propos est avant tout de rassembler et sa pensée n'est peut-être pas, si loin du but, encore entièrement formée. En tout cas, on ne trouve pas chez le général de Gaulle de référence au bonapartisme. Il est vrai que cet homme altier et comme habité par son destin ne s'autorise que de lui-même !

Bientôt de nouveaux ralliements et le poids grandissant de la Résistance intérieure (qui est fort diverse) amènent le général à préciser ses positions. Deux hommes remarquables l'ont rejoint et vont jouer auprès de lui un rôle majeur. L'un, Jean Moulin, ancien préfet, vient du radicalisme. L'autre, Pierre Brossolette, professeur et journaliste, est de sensibilité socialiste. S'ils sont tous les deux sévères, comme le leader de la France libre, pour les errements de la IIIe République, ils restent de fervents républicains. En novembre 1941, à l'occasion de la venue à Londres de Christian Pineau, représentant de la mouvance syndicale, de Gaulle proclame clairement son attachement à la République et fait sienne la devise *Liberté-Égalité-Fraternité* reniée par Vichy.

Il y a sans doute chez l'ancien officier traditionaliste une évolution personnelle. Face au régime de la Révolution nationale (qui compromet le traditionalisme dans la collaboration) et au contact de personnalités courageuses, transgressives comme lui mais venues d'autres horizons, il élargit sa vision politique. Et puis de Gaulle est un réaliste. Il a besoin d'être reconnu par toutes les forces de la Résistance, notamment intérieures. Les nécessités du combat l'exigent et sa capacité à rassembler est le gage de sa représentativité aux yeux des Anglo-Saxons. Il sait qu'il est seul en position de soutenir matériellement et d'unir symboliquement la Résistance (Moulin et Brossolette y travailleront jusqu'à leur mort). Mais il comprend qu'il ne peut la réunir à ses conditions. Les mouvements clandestins en France acceptent l'allégeance, non l'obéissance.

Dès lors, le chef de la France libre fait la clarté sur ses intentions et entame un processus de rassemblement. Il n'entend en rien renoncer à son leadership et il veille soigneusement à l'assurer. Il reste convaincu d'incarner la Résistance, par son geste initial de refus de l'inacceptable, par la précocité de son engagement, par la force de sa personnalité et par ce qu'il représente pour un nombre croissant de Français. Il commence aussi à intégrer le jeu complexe des mouvements de Résistance qui mènent leur propre lutte tout en se ralliant à lui.

Sous l'impulsion de Jean Moulin, l'envoyé du général de Gaulle, se crée un Conseil national de la Résistance (CNR) où seront représentés les mouvements, les syndicats et les partis engagés en France dans la Résistance. Cette représentation des partis au sein du CNR fait-elle débat ? De Gaulle tranche en faveur de l'approche défendue par Jean Moulin (favorable à leur présence) et contre celle de Pierre Brossolette (qui y est hostile). Ainsi l'homme qui dénonçait le « régime des partis » – et qui conserve certainement la même opinion en son for intérieur – se garde de les écarter et, d'une certaine façon, les remet en selle. Il entend répondre aux demandes des socialistes et des communistes. Il sait qu'il rassure les Anglais et les Américains et que cette démonstration de sa faculté à rassembler le légitime davantage. Cette démarche très politique ne relève pas du bonapartisme.

En août 1943, quelques mois après la mort de Jean

Moulin, qui était à la fois le président du CNR et le délégué du général de Gaulle, le Conseil choisira lui-même son nouveau président : Georges Bidault. Cette personnalité démocrate-chrétienne est certes loyale au chef de la France libre mais elle est proche des mouvements intérieurs. Quant au Conseil, il affirmera clairement qu'il incarne lui aussi une part de la légitimité nationale. On est loin ici de la doxa gaulliste. De la même manière, de Gaulle acceptera que le CNR adopte, en mars 1944, un Programme d'action de la Résistance. Or, s'il ne l'entérine pas lui-même, le Gouvernement provisoire de la République qu'il présidera à la Libération, du 3 juin 1944 au 20 janvier 1946, prendra une série d'ordonnances en application de ce programme.

En réalité, dès le moment où la victoire sur l'Allemagne nazie apparaît plausible, la préoccupation du général de Gaulle n'est pas de prendre seul le pouvoir en France – ce qu'il serait d'ailleurs bien en peine de faire, sous la surveillance étroite des Alliés. Son souci est de préparer la mise en place ordonnée d'un nouvel État.

En novembre 1942, les Américains et les Anglais ont débarqué en Afrique du Nord. Le 31 janvier 1943, les Allemands capitulent à Stalingrad et reculent. Au cours de l'année 1943, les forces impériales japonaises en Asie et dans le Pacifique montrent leurs premiers signes de faiblesse face à la puissance militaire et industrielle des États-Unis. Le cours du conflit mondial tourne.

Le général de Gaulle arrive à Alger le 30 mai 1943 et s'emploie à créer un Comité français de libération nationale (CFLN). Il le conçoit comme une instance chargée d'exercer la souveraineté française jusqu'à ce que la libération du territoire permette la mise en place d'un

Gouvernement provisoire de la République. Ensuite, viendront des élections. De vives luttes l'opposent au général Giraud, qui, pour un temps, copréside avec lui le CFLN. Bientôt, de Gaulle prend le contrôle du Comité. Celui-ci est composé de personnalités aux sensibilités diverses – des communistes y seront même cooptés en avril 1944 – qui, sous le nom de commissaires, exercent des fonctions quasi ministérielles. Ces commissaires, dont la plupart soutiennent le chef de la France libre, vont préparer avec lui les formes de la transition politique lors de la libération de la France.

Même si le Comité français de libération nationale cumule les fonctions exécutives et législatives, la dimension parlementaire n'est pas absente. Sur la suggestion du juriste René Cassin, une ordonnance du 17 septembre 1943 décide la création d'une Assemblée consultative. Ses cent trois membres, qui siègent à Alger, sont d'anciens parlementaires, des délégués des conseils généraux et, majoritairement, des représentants des Résistances intérieure et extérieure. Les diverses sensibilités politiques s'y expriment. Le retour à la République s'esquisse, dans le pluralisme.

De Gaulle conduit le retour à la République

En 1944, après les débarquements alliés en Normandie (le 6 juin) et en Provence (le 15 août), de Gaulle et le Comité français de libération nationale enchaînent des décisions marquant juridiquement et administrativement la renaissance de la République. L'ordonnance du 3 juin 1944 transforme, comme prévu, le CFLN en Gouvernement provisoire. Avant même la libération de Paris, l'ordonnance du 9 août 1944 décide le « rétablissement de la légalité républicaine ». L'ordonnance du 17 août 1945 annonce une consultation du peuple français par référendum et la mise en place d'une Assemblée chargée de doter la France d'une Constitution. Rien de tout cela ne procède d'une inspiration bonapartiste.

La préoccupation du général de Gaulle et de ceux qui l'entourent (loyaux à son égard, divers dans leurs convictions politiques), au moment de la Libération, est double : s'assurer que la France redevienne maîtresse de son destin (hors d'une tutelle ou, pire, d'une administration anglo-américaine) ; veiller à ce que le retour à la République s'opère dans l'ordre, c'est-à-dire sans qu'aucun mouvement politique – et chacun pense là d'abord aux communistes – impose, nationalement ou localement, un pouvoir de fait. L'ancien chef militaire devenu leader politique montre son souci de l'État.

L'hypothèque d'une possible tutelle anglo-saxonne sur la France libérée est assez vite levée. Quelle qu'ait pu être l'inclination de Roosevelt (une monnaie d'occupation avait été évoquée), une réalité s'impose : la Résistance est unie derrière de Gaulle, celui-ci est accueilli avec chaleur par la population française, les décisions que prend son Gouvernement provisoire sont marquées du sceau de la légalité et l'ordre semble s'établir sur le territoire français. Le repli rapide des armées allemandes sur le Rhin déplace le centre de gravité de la guerre. Autant laisser les Français décider eux-mêmes de leur avenir.

Le retour à l'ordre républicain a été préparé très tôt, à Londres et à Alger. De Gaulle et le Gouvernement provisoire, une fois installés en France, vont organiser sa mise en œuvre. Des commissaires de la République ont été désignés. Ils sont chargés de remplacer les préfets de région créés par Vichy et de proposer les noms des futurs préfets des départements. Ces hauts fonctionnaires, souvent des personnalités affirmées issues de la Résistance, travailleront avec les Comités départementaux et locaux de libération (CDL et CLL) qui représentent les mouvements issus de la clandestinité. Ensuite, grâce aux élections, les conseils généraux et les communes retrouveront leurs prérogatives. Dans le même temps, le Gouvernement provisoire, ses ministres et son chef, le général de Gaulle, assument pleinement les fonctions régaliennes de l'État. L'épuration – qui d'abord a flambé – est circonscrite et judiciarisée. Les « Milices patriotiques », largement sous influence communiste, sont dissoutes. Les membres des Forces françaises de l'intérieur (FFI) sont invités à rejoindre l'armée. L'État de droit et l'administration républicaine s'installent.

Pendant l'année et demie qui court de la création du Gouvernement provisoire à la démission, comme chef du gouvernement, du général de Gaulle, il y a débat sur la politique économique. Le ministre de l'Économie, Pierre Mendès France, préconise une action exigeante et volontariste inspirée par le keynésianisme ; le ministre des Finances, René Pleven, souhaite une politique modérée et orthodoxe, d'esprit plus libéral. Le chef du gouvernement, par prudence, tranche en faveur du second. Pour le reste, l'accord est large. Tout en amorçant le travail de reconstruction, le gouvernement s'appuie sur le programme du Conseil national de la Résistance et prend des décisions majeures. Elles vont de quelques grandes nationalisations dans les secteurs productif et financier jusqu'à la mise en place d'un système de sécurité sociale et d'une politique d'aide à la famille (afin de redresser la natalité). Au plan politique, le droit de vote des femmes, étrangement absent du programme du CNR mais préconisé par le CFLN, est confirmé par ordonnance le 5 octobre 1944 pour une application aux élections de 1945.

Il n'y a pas non plus de divergences majeures sur la politique étrangère ni sur l'immense question qui commence à surgir, à la charnière des politiques extérieure et intérieure : celle de la décolonisation et donc celle du sort de l'empire. La France récemment soumise et abaissée rêve de grandeur retrouvée. Elle est devenue, non sans mal, le cinquième membre permanent du Conseil de sécurité des Nations unies et elle s'est vu accorder une zone d'occupation dans la partie occidentale de l'Allemagne et à Berlin. En même temps, elle se sait en position seconde par rapport aux trois Grands de l'immédiate après-guerre : les États-Unis, l'Union soviétique et la Grande-Bretagne. Elle est par exemple exclue des échanges d'informations scientifiques entre Américains et Anglais en matière nucléaire.

Or l'Empire, où avait commencé à se renverser le sort de la France vaincue, est considéré par les nouveaux dirigeants français, de Gaulle en tête, comme un élément de la « grandeur » de la France et comme un gage de sa « mission universelle ». Les nouveaux responsables, qui viennent pourtant d'échapper à une occupation étrangère, sont peu préparés à considérer la tutelle de la France sur d'autres peuples comme une domination. Certes, par son discours de Brazzaville, le 30 janvier 1944, de Gaulle montre qu'il a conscience de l'aspiration à l'émancipation qui monte dans les pays colonisés. Les autochtones se réclament du droit des peuples à disposer d'eux-mêmes. Mais la seule conséquence qu'il en tire est la possibilité pour les peuples concernés d'être représentés au Parlement français. Or des événements dramatiques se produisent en Algérie. À Sétif, un adolescent algérien participant à une manifestation en faveur de l'indépendance est tué par un policier et une émeute éclate, qui prend de court tous les acteurs et provoque des dizaines de victimes européennes. La réponse est une répression sanglante qui fait des milliers de morts algériens à Sétif et à Guelma en mai 1945 – au moment même où les Alliés remportent la victoire sur l'Allemagne nazie. L'Algérie ne bougera plus pendant neuf ans.

Au Vietnam, une évolution s'esquisse. Si le Viêt-minh a commencé une offensive, le corps expédition-naire français dirigé par Leclerc a repris le contrôle de la situation, et son chef a pris langue avec les communistes. On semble aller vers la reconnaissance d'un Vietnam indépendant, fédéré à l'Indochine et associé à l'Union française. Pourtant, en juillet 1946, la conférence de Fontainebleau (où vient Hô Chi Minh) échoue, la France préférant choisir la partition. Bientôt, le bombardement d'Haiphong, le 23 novembre 1946, par la flotte française fait, là aussi, des milliers de morts et signe le début de la guerre d'Indochine. De Gaulle n'est plus au pouvoir mais ne désapprouve pas. En deux circonstances historiques majeures – sans parler de la terrible répression de l'insurrection malgache en 1947 –, la jeune République renaissante montre son incapacité à appréhender les défis de la décolonisation.

Pourtant, en 1945-1946, ce n'est pas dans ces domaines que le général de Gaulle entre en conflit avec les partis renaissants ; c'est sur les questions institutionnelles, essentielles à ses yeux. À son instigation, le Gouvernement provisoire a décidé de consulter les Français par référendum sur deux points. Le premier a trait à l'élection d'une Assemblée constituante qui signera la fin de la IIIe République. Une majorité écrasante approuve ce projet. Le second concerne l'approbation de l'organisation provisoire des pouvoirs publics et aussi de la pratique du référendum. Cette proposition recueille les deux tiers des voix. De Gaulle peut se sentir approuvé.

L'Assemblée constituante, élue le 21 octobre 1945 au suffrage universel (pour la première fois les femmes votent), est dominée par trois partis : le Parti communiste, le Parti socialiste et un nouveau parti, démocrate-chrétien, le Mouvement républicain populaire (MRP), lequel se réclame explicitement du général de Gaulle. La droite y est presque absente. Ces trois partis décident de gouverner ensemble, dans l'esprit de la Résistance et sous l'autorité de De Gaulle comme chef de gouvernement. Celui-ci est élu à l'unanimité par l'Assemblée le 13 novembre 1945.

Or, deux mois plus tard, le 20 janvier 1946, le général de Gaulle quitte ses fonctions. Il est en désaccord avec la conception des institutions qui prévaut au Parti communiste comme au Parti socialiste, celle d'un gouvernement d'assemblée inspirée d'une ancienne et fugace expérience sous la Révolution française. Le projet de Constitution allant dans ce sens est soumis à référendum et il est repoussé le 5 mai par 53 % des Français, de Gaulle et le MRP ayant appelé à voter contre. Une nouvelle Constitution doit être élaborée par une seconde Assemblée constituante élue le 2 juin, dans laquelle le MRP devient le premier parti et où la droite fait son retour. Communistes et socialistes n'ont plus la majorité à eux seuls. Le 16 juin, dans un discours prononcé à Bayeux (en évocation au Débarquement), le général de Gaulle affirme clairement sa vision institutionnelle : il rejette le régime d'assemblée et il prend parti pour un pouvoir exécutif fort procédant directement du chef de l'État, élu par un collège élargi.

Cependant, dans la nouvelle Assemblée constituante, le MRP avec à sa tête Georges Bidault, l'ancien président du CNR devenu chef du gouvernement, s'éloigne de l'approche institutionnelle de De Gaulle. Il passe un compromis avec les socialistes et les communistes sur un projet d'inspiration parlementariste. Furieux, le général de Gaulle appelle à nouveau à voter *non*, lors du référendum du 13 octobre 1946. Mais les électeurs, lassés sans doute du débat sur les institutions, donnent leur approbation au texte, à une courte majorité. Deux ans après la Libération, la France est enfin dotée d'institutions autres que provisoires. La IVe République naît.

D'entrée de jeu, le général de Gaulle conteste le nouveau régime. Il décide de s'engager politiquement et, ne pouvant compter sur le MRP qui semble s'accommoder de la république parlementaire, il annonce, le 30 mars 1947, la création d'un nouveau parti politique, le Rassemblement du peuple français (RPF). Le chantre du rassemblement se résout à devenir partisan, le contempteur des partis s'oblige à en créer un. Son mouvement est hostile à la IVe République, anticommuniste, presque nationaliste, à la fois bourgeois et populaire. Il pratique les grands rassemblements encadrés par des services d'ordre musclés, il ne s'embarrasse guère de démocratie en son sein et il est naturellement entièrement dévoué au général de Gaulle. Il devient rapidement un parti de masse et connaît d'abord un impressionnant succès en obtenant 40 % des voix aux élections municipales de l'automne 1947. Puis il décline, jusqu'à subir une vraie défaite aux élections municipales de 1953. S'ensuivent des défections successives de parlementaires du RPF qui participent aux combinaisons politiques de la IVᵉ République. De Gaulle se détache alors de son mouvement et le RPF est mis en sommeil en 1955. À cette époque, le général n'attend plus rien, sinon l'irruption d'une crise majeure en France que le régime ne surmonterait pas et qui lui redonnerait sa chance.

Par ses thématiques comme par ses formes d'organisation, le RPF a été caractérisé, notamment par René Rémond, comme une formation de droite autoritaire s'inscrivant dans le droit fil du bonapartisme. De Gaulle lui-même, pendant cette période, en raison de ses critiques acerbes du « régime des partis », a été soupçonné, de façon polémique et surtout par la gauche, de « boulangisme ». Pourtant, au moment où il s'éloigne du champ politique, en 1953, on ne peut lui reprocher de s'être jamais comporté en imitateur des Bonaparte. Pendant la Résistance, on l'a vu, il n'en avait ni l'intention ni les moyens. Au début de la IVᵉ République, il compose avec les forces politiques existantes, exprime ses désaccords institutionnels et, quand il n'est pas entendu, quitte le pouvoir. Ultérieurement, il entreprend lui-même de construire, contre le « régime des partis », un parti (!) qui sert ses perspectives politiques et personnelles. Mais il ne tente pas de subvertir la République naissante. Isolé, il se met à l'écart, même s'il commence, souterrainement, à tisser les fils du processus qui, au nom du « recours », permettra son retour.

La revanche de De Gaulle :
la République contre la République

Après le départ de De Gaulle en 1946, la rupture, sur fond de « guerre froide », en 1947, entre les socialistes et les communistes, passés dans l'opposition, le glissement vers la droite du MRP et les fractures au sein du RPF conduisent les grandes formations politiques issues de la Résistance à se séparer et à s'opposer entre elles. Des majorités dites de « troisième force », c'est-à-dire excluant les communistes et les gaullistes, et dont les socialistes et le MRP constituent l'axe, se succèdent. La droite traditionnelle a retrouvé du poids. Le Parlement fait et défait des gouvernements faibles et de courte durée. La IVe République renoue avec l'instabilité ministérielle et parlementaire de sa devancière.

Pourtant, le nouveau régime, malgré ses majorités changeantes, fait fructifier une part de l'élan donné à la France par la Libération. En s'appuyant sur une haute administration rénovée et active, il s'adosse aux réformes de structure engagées pour relever plusieurs grands défis. Il opère rapidement la reconstruction du pays (avec l'aide américaine du plan Marshall), favorise le regain démographique et stimule la croissance économique. Il profite de l'exode rural pour muscler l'industrie et encourage la recherche scientifique. Il dote la France d'une industrie nucléaire et d'une force de dissuasion et participe – malgré l'opposition des communistes et les réticences des gaullistes – à l'ébauche de la construction européenne en prônant la réconciliation franco-allemande. Mais la IVe République ne saura pas accueillir le mouvement de la décolonisation, du moins chaque fois qu'il prendra une dimension armée, en Indochine (c'est la défaite de Diên Biên Phu, en mai 1954), puis en Algérie (une insurrection armée débute en novembre 1954). Cette république périra de sa faiblesse politique et institutionnelle.

Si je me réfère à nouveau à l'exemple des Bonaparte, les conditions dans lesquelles de Gaulle obtient le pouvoir en mai 1958 s'apparentent sans conteste à la technique bonapartiste du « coup de force » légalisé. Dans une situation de crise en Algérie, face à un pouvoir affaibli, la menace des militaires et la peur du chaos provoquent l'appel à un grand nom qui accepte – parce qu'il l'a en réalité lui-même décidé – de jouer le rôle du « sauveur ». Une opération longuement méditée et méthodiquement exécutée par un groupe d'hommes avertis et solidaires de leur chef trouve des soutiens ou des complaisances dans la place qu'il s'agit d'investir (en l'espèce, les instances de pouvoir d'une IVe République qui se rend) et réussit. Le 2 juin 1958, de Gaulle reçoit du Parlement les pleins pouvoirs en Algérie et la faculté d'élaborer une Constitution. La prise du pouvoir est revêtue des signes de la légalité. Trois mois plus tard, le peuple ratifie le processus en approuvant par référendum la nouvelle Constitution, avec près de 80 % des voix. Seule la suite n'en fera pas un nouveau 18-Brumaire…

Ce changement de pouvoir n'aurait pas été possible si la République, la IVe, ne s'était pas défaite, affligée de sa propre faiblesse et privée de toute confiance en elle-même. Depuis novembre 1954, le régime, miné par l'instabilité ministérielle, se débattait avec le conflit algérien. Sans vouloir négocier, sans pouvoir l'emporter. En 1956 pourtant, les élections législatives avaient vu la victoire du Front républicain qui s'était engagé à faire la paix en Algérie. Mais Guy Mollet, le secrétaire général de la SFIO, préféré à Pierre Mendès France pour diriger le gouvernement, cède d'emblée à la pression d'une foule de Français algérois mobilisés par leurs « ultras ». Il tourne le dos à sa promesse de faire la paix et s'engage dans une politique de répression accrue à laquelle il mêle le contingent envoyé pour combattre. L'occasion de la négociation n'ayant pas été saisie, la guerre en Algérie s'aggrave, tandis que se multiplient les actes de terrorisme d'un côté, les exactions et la torture de l'autre. La jeunesse française s'y abîme, la gauche est démoralisée, le pays désorienté. La France s'enlise dans la guerre coloniale. Craignant que les responsables politiques à Paris ne cherchent finalement à négocier pour sortir de l'impasse, les ultras d'Alger, avec la complicité des généraux sur place – qui sont obsédés par l'idée d'être « trahis » –, prennent d'assaut le gouvernement général le 13 mai 1958 et mettent en place un « Comité de salut public ». Après le putsch, l'insurrection couve et menace explicitement Paris, au grand désarroi des autorités politiques. De Gaulle saisit ce moment pour s'imposer.

L'heure n'est pas au césarisme. Le pays veut une solution au drame algérien, il ne veut pas d'un despote. Certes, les Français ne se mobilisent pas pour défendre des équipes politiques faibles et épuisées. Mais ils restent profondément attachés à la République et à la démocratie et ils rejetteraient quiconque les mettrait en péril. Des responsables de gauche – les communistes, une fraction des socialistes, Pierre Mendès France, François Mitterrand – dénoncent le « coup de force » de De Gaulle et le décrivent en factieux. Cependant, d'autres personnalités de gauche cautionnent le nouveau président du Conseil. Quant aux Français, ils approuvent très largement la transition en cours. D'ailleurs, deux ans plus tard, de nouveaux coups de force perpétrés par les ultras d'Alger et certains chefs militaires, cette fois contre de Gaulle, transformeront le chef de l'État, dont certains suspectaient les intentions, en rempart contre la sédition.

En réalité – il l'a dit lui-même dans une formule célèbre – le propos de De Gaulle n'est pas, « à soixante-sept ans, de commencer une carrière de dictateur ». Sachant d'où il vient, le rôle qui a été le sien aux pires heures de l'histoire de la France, il ne va pas dégrader sa figure historique dans une aventure séditieuse. Mais il garde la frustration de ce qu'il n'a pas réalisé en 1946 et veut se saisir de la chance qui lui est offerte de renouer les fils d'un destin interrompu. Il entend accomplir ce qu'il n'avait pu entreprendre douze ans auparavant : doter la France d'institutions fortes et conduire une politique étrangère indépendante.

Il lui faut d'abord régler le problème algérien. Cela prendra quatre ans. Longtemps, il tergiverse, conduisant une politique ambiguë qui ne décourage ni ne satisfait les partisans de l'« Algérie française », pas plus que ceux de l'autodétermination de l'Algérie. Sans doute doit-il se distancier prudemment de ceux qui ont provoqué son retour au pouvoir et qui veulent préserver le *statu quo* dans la colonie grâce à une victoire militaire. Il est bien placé pour mesurer leur détermination et leur force. Il hésite aussi sur la solution elle-même.

Assez vite, il ne croit plus à la possibilité de garder l'Algérie dans l'ensemble français, sans pour autant se résoudre à l'indépendance. Il recherche en vain une formule mixte, un type d'association qui soit accepté par les deux camps – formule à l'évidence désormais introuvable. La guerre continue, avec ses combats, ses morts, la terreur d'un côté, la répression de l'autre. Faute de réussir rapidement, de Gaulle trouve au moins dans ce conflit l'avantage d'apparaître comme un protecteur de la République face aux factieux. Le caractère équivoque de son arrivée au pouvoir s'efface et l'opinion l'appuie.

Au moment de terminer la guerre, quand il s'est enfin résigné à l'indépendance et que commencent les négociations avec le FLN, l'autorité et la détermination dont il fait preuve pour briser, avec l'aide du contingent, le mouvement factieux en Algérie et pour faire face à la terreur de l'OAS lui valent l'appui de la gauche et un large soutien des Français, qui veulent la paix. L'indépendance de l'Algérie devient effective en juillet 1962, le référendum organisé en Algérie donnant naturellement une écrasante majorité de *oui* (90 %). L'homme qui a fait chuter la IVe République est maintenant lavé du soupçon de pronunciamiento.

Une fois levée l'hypothèque algérienne, de Gaulle peut se consacrer davantage à la politique étrangère. Il va y mêler la transgression et le réalisme. Il rompt avec des tabous : la France sort de l'Organisation militaire intégrée de l'OTAN, pour s'émanciper des États-Unis ; un rapprochement est opéré avec l'Union soviétique de Khrouchtchev et des relations diplomatiques sont établies avec la Chine de Mao, comme pour échapper à la logique des blocs. De Gaulle fait par ailleurs des concessions pragmatiques aux nécessités du temps – bien éloignées de ses positions d'origine : il poursuit la construction européenne qu'il refusait hier ; il scelle, avec le chancelier Adenauer, la réconciliation avec l'Allemagne qu'il voulait démembrer en 1946. Cette politique, conduite sous l'étendard de l'indépendance du pays, convient aux Français.

Parallèlement, le général de Gaulle met en œuvre ce qui était son projet premier : doter la France de nouvelles institutions. Fidèle aux conceptions qu'il avait exposées douze ans plus tôt lors de son discours de Bayeux, il affirme, contre la République à dominante parlementaire, sa propre vision de la République. Plutôt que d'amender la Constitution, il veut en élaborer une autre. Une cinquième république va naître.

De Gaulle avance ses idées dès son arrivée au pouvoir, en juin 1958. Le président de la République sera la clef de voûte du nouveau régime. Il ne doit plus être choisi par les parlementaires mais être élu par un collège élargi : de Gaulle n'ose pas encore préconiser son élection par l'ensemble des Français au suffrage universel direct. Le gouvernement procède du président, et non du Parlement. Le chef de l'État peut dissoudre l'Assemblée nationale et en appeler au peuple par référendum. La seconde assemblée, qui reprend le nom de Sénat, est revalorisée – ce qui va, à coup sûr, dans le sens du conservatisme. Le domaine de la loi est restreint au profit du champ du règlement. Le président péut, en cas de circonstances exceptionnelles, exercer une sorte de « dictature temporaire » en recevant, dans certaines conditions, « les pleins pouvoirs » (l'article 16 semble ainsi ouvrir la porte à un possible césarisme). Dans l'équilibre institutionnel, l'exécutif l'emporte sur le législatif. Tels sont, dès 1958, les grands traits de la première mouture de la constitution de la Ve République. Le texte est approuvé le 28 septembre lors d'un référendum par 80 % des Français. Dans la foulée, les élections législatives donnent la majorité absolue à l'Union pour la nouvelle République (l'UNR), le parti formé pour soutenir de Gaulle, et à ses alliés. Dès le mois de décembre, le président Coty s'efface et le général de Gaulle est porté à la présidence de la République par le nouveau collège des grands électeurs.

L'inspirateur et le bénéficiaire de la nouvelle Constitution mettra quatre ans pour parachever selon ses vœux l'édifice institutionnel. En 1962, libéré du boulet algérien et assuré de sa popularité, il demande que le président de la République soit désormais élu au suffrage universel direct par tous les Français. C'est pour lui la garantie de ne plus devoir à l'avenir son élection ni aux notables (ce qui sera le cas) ni aux partis (ce qui sera moins vrai pour ses successeurs). Cette adjonction majeure à la Constitution de 1958 est approuvée par référendum le 28 octobre 1962 (par 62 % des voix). À l'époque, un « cartel des *non* », émanant surtout de la gauche, manifeste clairement son opposition, limitant ainsi l'ampleur de l'approbation. Mais jamais depuis lors, l'élection au suffrage universel du chef de l'État ne sera sérieusement contestée. Comment imaginer en effet que le peuple accepte qu'on lui retire cette prérogative, dès lors qu'elle lui a été donnée ?

De son côté, le général de Gaulle ne se comportera jamais en despote. Même s'il excipera souvent de la légitimité que lui donnerait son rôle historique pendant la guerre, il cherchera constamment la confirmation de cette légitimité dans le suffrage populaire – sans pour autant se priver de peser de tout son poids sur le vote. Quand la confiance du peuple viendra à lui manquer – les Français diront *non*, par référendum, à sa réforme du Sénat et des régions le 27 avril 1969 –, il renoncera immédiatement à ses fonctions.

L'éloignement progressif des Français à l'égard du chef de l'État provenait sans doute de l'usure du temps. On se souvient des manifestants de 1968 scandant : « Dix ans, ça suffit ! » Il marque aussi le rejet d'une pratique trop autoritaire du pouvoir. Fort de la légitimité que lui donne l'élection par le peuple, le président de Gaulle utilise à plein tous les instruments de l'État sans trop se soucier de la séparation des pouvoirs, ni s'embarrasser de contre-pouvoirs. Il a même du mal à admettre qu'il y ait des institutions indépendantes, telle l'autorité judiciaire par exemple. Non seulement l'opposition n'est pas respectée mais la haute administration, dont la vocation est de servir l'État et non pas un clan, est étroitement soumise (en particulier les préfets) à un pouvoir politique partisan. La radio et la télévision nationales sont l'objet d'un étroit contrôle et l'ORTF reçoit des instructions des autorités politiques. Quant à la justice, le Président et son gouvernement ne se privent pas de l'influencer en pesant sur la juridiction administrative et en donnant des instructions aux procureurs, y compris dans des instances particulières. En outre, dans la « république gaullienne », les mœurs politiques se relâchent. Des personnalités ou des officines liées au régime (tel le Service d'action civique, le SAC) sont, pour les unes, mêlées à des scandales financiers et, pour les autres, soupçonnées de perpétrer des délits ou des crimes. Si le général de Gaulle est personnellement intègre et si sa conception de l'État est exigeante, il ne répugne pas, quand des services lui ont été rendus pendant la Résistance, voire dans la lutte contre l'OAS, par des serviteurs fidèles, à laisser sa part aux faiblesses humaines.

Cette conception très personnelle du pouvoir est mise à l'épreuve lors des événements de 1968. La révolte étudiante, bien plus encore que la mobilisation ouvrière – que les syndicats s'emploient à canaliser –, est incompréhensible pour le général de Gaulle, peut-être parce qu'elle est précisément d'inspiration anti-autoritaire. Faute de comprendre le mouvement en cours, la tentation du chef de l'État est de le réprimer rudement. Ses instructions, en ces journées délicates, vont nettement dans ce sens. Heureusement, plusieurs de ses ministres, le préfet de police de Paris et bien-tôt le Premier ministre Georges Pompidou (revenu d'un voyage à l'étranger) temporisent, interprètent les injonctions du président et réussissent à éviter un affrontement qui aurait pu être sanglant. Pendant ces journées, il s'en est fallu de peu pour que le chef de l'État ternisse l'image du résistant de Gaulle.

L'issue sera heureusement différente. Aidé par son Premier ministre – à qui, injustement, il ne le pardonnera pas –, de Gaulle se ressaisit et même reprend la main politiquement. Ses soutiens se mobilisent, y compris dans la rue. La province, comme souvent dans l'histoire politique française, ne suit pas Paris. Le président dis-sout l'Assemblée nationale et le parti gaulliste (l'UDR) obtient la majorité absolue aux élections législatives du 30 juin 1968. Dans le pays, la peur du désordre l'a emporté sur la sympathie initiale suscitée par l'élan de la jeunesse étudiante et ouvrière.

Pour le chef de l'État, cette victoire sera pourtant le chant du cygne. Un an plus tard, les Français lui disant *non*, il se retirera, témoignant – dans la fidélité à sa conception de la démocratie – qu'il n'acceptait qu'un seul souverain : son peuple. Il est vrai que la nature du lien qu'il entendait tisser avec ce peuple et bien des traits du mouvement politique qui se réclamait de lui pouvaient rappeler le bonapartisme. La critique des partis, le culte du grand homme (repris du mythe du sauveur), l'exercice autoritaire du pouvoir, la dureté vis-à-vis de l'opposition et aussi une certaine façon de s'identifier lui-même à la grandeur de la France allaient dans ce sens. Mais de Gaulle n'a jamais cédé au césarisme. Il se voyait, assez emphatiquement, comme un « guide » pour la France. Sa conception de l'autorité était sans partage mais, s'il a fait chuter une république, ce fut pour en fonder une autre. Ce qu'il y avait de bonapartiste en lui fut tempéré et transmué par la puissance intégratrice de la République.

Après la mort du général de Gaulle, le 9 novembre 1970, l'empreinte de la culture bonapartiste sur la vie politique française semble s'estomper cependant que le gaullisme connaît un curieux destin.

L'effacement du bonapartisme et le curieux destin du gaullisme

Après 1970, les références historiques au bonapartisme ne disparaissent pas du vocabulaire politique. Mais ce sont des survivances. Elles n'expriment plus un désir, un regret ou une crainte.

Les deux présidents qui succèdent au général de Gaulle, Georges Pompidou (de 1969 à 1974) et Valéry Giscard d'Estaing (de 1974 à 1981), se servent pleinement des instruments mis à leur disposition par la Constitution gaullienne. Le second se montre plus libéral que le premier sur certaines questions de société (il abaisse le droit de vote à 18 ans, il autorise l'interruption volontaire de grossesse). Mais l'un et l'autre restent dans la lignée de leur prédécesseur. Ils sont durs avec l'opposition, interventionnistes vis-à-vis des médias, partisans dans les nominations des hauts fonctionnaires et intrusifs dans le cours de la justice. Ils gardent peu ou prou la politique étrangère précédente. Simplement, aucune de ces deux fortes personnalités ne cherche à gagner le statut de « sauveur » ou de « héros ». Ce temps est révolu. L'exercice du pouvoir par les deux présidents reste autoritaire, par habitude ou par commodité. Mais, hors l'élection au suffrage universel – qui crée entre le peuple et eux un lien fort, temporaire et révocable –, rien dans leur rapport à l'histoire de la France ne leur décerne une légitimité autre que démocratique.

En mai 1981, le président Giscard d'Estaing n'est pas réélu : l'alternance survient. La gauche, fédérée par François Mitterrand, parvient au pouvoir. Le nouveau président n'était pas proche du général de Gaulle pendant la Résistance. Il s'est opposé à sa prise de pouvoir en 1958 et il s'est livré, dans *Le Coup d'État permanent*, en 1964, à une critique sévère de l'exercice du pouvoir par le premier président de la Ve République. En 1965, il a été son adversaire lors de l'élection présidentielle. Certes, il a parfaitement compris la logique et les modes de fonctionnement du régime de la Ve République et il n'est en rien un nostalgique de la IVe. Mais il a été formé dans la culture parlementaire et il s'est de plus inscrit, dix ans durant, dans la logique partisane, comme chef du Parti socialiste.

Certains pensent que le leader de la gauche, qui clôt la geste gaulliste, va en disperser l'héritage. Or, si l'on parcourt les trente ans qui vont de 1981 jusqu'à nous, on découvre une évolution plus complexe et presque paradoxale. La droite abandonne des pans entiers de la doctrine gaulliste alors que certaines orientations du gaullisme sont intégrées à gauche.

Dans la mouvance conservatrice, le respect à l'égard de De Gaulle, les références à son action et parfois l'affirmation d'une filiation perdurent. Mais il en va autrement de son legs politique. Les moutures successives du parti qui se réclame du Général – l'UNR, l'UDR, le RPR, l'UMP – conservent les intitulés traditionnels d'« Union » ou de « Rassemblement », pour bannir le terme de « parti ». Leur organisation reste centralisée, hiérarchisée et construite autour d'un chef – ce qui crée problème quand aucun ne s'impose.

En revanche, les choix personnels faits à plusieurs reprises par leurs leaders témoignent d'un grand éloignement à l'égard de la vieille tradition gaulliste de compagnonnage et de rassemblement. En 1974, Jacques Chirac, formé dans l'entourage pompidolien plus qu'à l'école gaulliste, appelle à voter, lors de l'élection présidentielle, pour Valéry Giscard d'Estaing, personnalité de la droite libérale. Il provoque l'élimination dès le premier tour du candidat désigné par le mouvement gaulliste, Jacques Chaban-Delmas. En 1976, il rompt avec le président qu'il a fait élire et, en même temps, prend le pas sur ceux qu'on appelait les « barons » du gaullisme : Jacques Chaban-Delmas, Michel Debré, Olivier Guichard, Pierre Messmer. Il transforme l'Union des démocrates pour la République (UDR) en Rassemblement pour la République (RPR) dont il devient – pour un temps – le chef incontesté. L'ancien mouvement gaulliste se divise encore lorsque Édouard Balladur défie Jacques Chirac pour l'élection présidentielle de 1995. À nouveau, le chef reconnu n'est plus le garant de l'unité.

Commence à se perdre aussi la volonté de dépasser le clivage droite-gauche qui était – en écho lointain au bonapartisme – une des caractéristiques de ce mouvement. En 2002, l'Union pour un mouvement populaire (UMP), créée par Jacques Chirac pour fédérer les droites après sa réélection, accélère, sous la présidence de Nicolas Sarkozy, l'évolution déjà engagée vers un parti résolument de droite. Ce n'était pas le cas du gaullisme.

Les programmes confirment cette prise de distance à l'égard du passé. Alors que le général de Gaulle croyait au rôle de l'État, y compris dans l'économie, que Georges Pompidou lui-même défendait « l'impératif industriel », leurs successeurs se sont ralliés au libéralisme économique, réduisant les instruments dont dispose la puissance publique pour influer sur l'économie et pourfendant souvent les services publics.

La séparation d'avec les positions anciennes du président de Gaulle est encore plus nette en matière de politique étrangère. Elle se mesure déjà dans l'approche européenne. Les héritiers du général semblent s'éloigner de la vision qui était la sienne, celle d'une « Europe des nations ». Mais surtout, ils se rallient sans réserve au cours économique orthodoxe et ultralibéral qui commence à dominer les institutions et le continent européen.

La rupture emblématique intervient dans le domaine de la défense. En 2009, le président Sarkozy décide de ramener la France dans le commandement militaire intégré de l'OTAN. Le général de Gaulle en avait retiré notre pays en 1966 – tout en restant fidèle à l'Alliance atlantique. Il voulait manifester clairement son intention de mener une politique étrangère et de défense indépendante, même s'il entendait rester solidaire de ses alliés. Ni Valéry Giscard d'Estaing ni François Mitterrand n'avaient remis en cause cette orientation fondamentale. Jacques Chirac, quant à lui, avait envisagé cette réintégration dans l'OTAN, après son élection de 1995. Mais je m'y étais personnellement opposé, lorsque je suis devenu Premier ministre en 1997. Le président Jacques Chirac réamorce cette évolution après 2002. Le président Nicolas Sarkozy la mène à terme en 2009 et fait perdre à la France la position originale qui était la sienne depuis plus de quarante ans et qui préservait son autonomie de décision.

À gauche, l'évolution est contrastée. Les socialistes ne sont pas devenus gaullistes et ils n'effacent pas les critiques qu'ils avaient formulées contre le pouvoir personnel du président de Gaulle. Arrivés aux responsabilités, ils rompent avec des habitudes anciennes : ils décentralisent, ils suppriment les tribunaux d'exception, ils libèrent les médias… Mais ils préservent certains choix antérieurs : la filière nucléaire civile, la force de dissuasion et, justement, la position d'autonomie de la France dans l'Alliance atlantique.

Surtout, les socialistes – principale force à gauche – acceptent les institutions de la Ve République. Des personnalités militent bien pour l'instauration d'une VIe République, sans toujours en préciser les contours. Des réformes sont même introduites, comme le raccourcissement du mandat du président de la République (de sept à cinq ans), lorsque je suis Premier ministre, afin de ramener sa durée dans la norme démocratique européenne. Mais il n'est plus question de remettre en cause l'élection du président au suffrage universel direct, chacun sachant que les Français n'accepteront pas de se dessaisir de cette faculté. Or c'est cette procédure qui fonde le caractère semi-présidentiel de notre régime politique et qui entraîne la prédominance du président et de l'exécutif sur le législatif.

Les institutions voulues par le général de Gaulle, qui avaient été si passionnément défendues et si vivement critiquées, sont devenues une sorte de patrimoine commun. Elles ont des défauts : l'excès de la supériorité de l'exécutif sur le législatif, le dualisme de cet exécutif, la personnalisation constante du pouvoir dans la figure présidentielle qui expose simultanément le président à l'illusion de l'omnipotence et au danger de l'isolement. Mais les risques opposés d'émiettement politique que nous ferait courir un régime dominé par les assemblées – surtout dans un pays où les divisions sont fréquentes et où l'antiparlementarisme n'est jamais loin – seraient sans doute plus grands.

On voit mal aujourd'hui ce qui pourrait conduire à un changement majeur dans nos institutions, d'autant qu'elles ont démontré leur plasticité. On les a dites faites pour le général de Gaulle qui, à un stade avancé de sa vie, était plus soucieux de fixer des orientations que féru de gouvernement. Mais ces institutions ont été commodément pratiquées par d'autres. Par un héritier distancié du gaullisme : Georges Pompidou. Par un représentant de la droite libérale : Valéry Giscard d'Estaing, qui ne disposera même pas d'une véritable majorité parlementaire. Enfin, pendant quatorze ans, par un socialiste qui les avait combattues : François

Mitterrand. Elles subissent ainsi l'épreuve de l'alternance en restant intactes.

Vient ensuite l'expérience de trois « cohabitations », lors desquelles le président de la République et la majorité parlementaire sont politiquement opposés. Leurs contextes sont différents. La première (Mitterrand-Chirac) est un face-à-face conflictuel de deux ans, prélude à un combat électoral. La deuxième (Mitterrand-Balladur), coïncidant avec la fin du double mandat du président François Mitterrand, est une coexistence courtoise, également brève. La troisième (Chirac-Jospin) dure cinq ans et impose – en tout cas en politique européenne et étrangère – des compromis qui peuvent créer des confusions dans l'attribution des responsabilités. Mais aucune de ces trois expériences ne conduit, dans l'esprit des Français, à une remise en cause des institutions de la République. Sur ce point, comme sur quelques autres, le legs du général de Gaulle est pérenne. Quels que soient les problèmes que la France affronte, la Ve République paraît bien installée, à nouveau sous le magistère d'un président socialiste, François Hollande. Cependant, il ne suffit pas que les institutions d'un pays soient stables pour que l'ensemble de la vie politique le reste. C'est aujourd'hui ce que paraît démontrer, en France comme ailleurs en Europe, le développement de courants politiques contestataires, parfois extrémistes, souvent appelés populistes.

Ces courants ont-ils une parenté, même lointaine, avec le bonapartisme ? Peut-être, dans l'ambition de leurs leaders d'incarner personnellement les aspirations du peuple en critiquant les institutions. Mais le monde actuel est trop éloigné des situations politiques de la France après la Révolution et après les Restaurations pour engendrer cette forme de césarisme. En revanche, les nations européennes sont toutes exposées à de nouveaux dangers.

Un nouveau venu ambigu : le populisme

La fortune du mot « populisme » est récente. En France, les territoires politiques sont d'habitude assez clairement distribués. Il y a l'extrême gauche, la gauche, le centre, la droite et l'extrême droite. Au sein de ces géographies se dessinent des reliefs qui témoignent de mouvements anciens (l'orléanisme, le légitimisme, le fascisme), d'idéologies survivantes ou persistantes (le radicalisme, le communisme, le socialisme) ou du souvenir de courants liés à des hommes (le bonapartisme, le poujadisme ou le gaullisme).

La référence au populisme, jusqu'ici peu utilisée, renvoyait à des moments précis de l'histoire de pays étrangers. C'était le cas pour les *Narodniki* (ou « gens du peuple »), ces intellectuels russes qui, bouleversés par le retard de leur pays, s'étaient dressés contre l'autocratisme dans les années 1860-1880 en rêvant d'un socialisme agraire. Certains d'entre eux utilisèrent, au péril de leur vie, l'arme des attentats individuels, et le tsar Alexandre II lui-même fut assassiné en 1881, ce qui signa la fin du mouvement. Dans la seconde moitié du XIXe siècle, aux États-Unis, dans le monde rural, des mouvements de type populiste se sont développés. Plus au Sud, en Amérique latine, une aspiration populiste s'est cristallisée autour des figures de Getúlio Vargas au Brésil (dans les années 1930-1940) et de Juan Perón en Argentine (en particulier dans la décennie 1945-1955). Ces deux hommes, à la fois aimés du peuple (notamment des couches les plus pauvres) et dominateurs, illustrent bien l'ambiguïté de ce que l'on nomme « populisme ».

On s'accorde aujourd'hui à appeler « populistes » des courants ou des discours politiques qui stigmatisent les « élites », en appellent directement au « peuple » et en disqualifient les représentants.

Les divergences commencent avec l'appréciation du phénomène. Pour les responsables des partis traditionnels, au gouvernement ou en puissance de l'être, le terme « populiste » est péjoratif. Le populiste est un démagogue qui flatte le peuple et prétend parler en son nom. À leurs yeux, les mouvements populistes compromettent la stabilité politique et sont une menace pour la démocratie. Quant aux leaders « populistes », ou bien ils rejettent cette appellation, ou bien ils répliquent que les dénonciateurs du populisme sont en réalité hostiles au peuple dont ils ignorent les souffrances, les colères, voire les peurs et dont ils trahissent les intérêts.

Il y a aussi débat sur l'interprétation de la notion même de « peuple ». La souveraineté du peuple est au principe de nos sociétés démocratiques. C'est d'elle que le pouvoir politique tire sa légitimité. C'est au nom du peuple que se rend la justice. Le peuple n'est pas une masse de sujets, comme il le fut sous la monarchie et, à beaucoup d'égards, sous l'Empire. Dans la conception démocratique, le peuple n'est pas non plus la multitude des hommes et des femmes vivant sur un territoire à un moment donné. Il n'est pas une somme indistincte d'individus. Il est l'ensemble des citoyens qui, constituant la nation et éclairés par le débat démocratique, expriment une volonté.

Or la question est justement de savoir comment le peuple se constitue lui-même comme sujet politique et comment il fait connaître sa volonté. Dans une grande démocratie, le peuple ne peut se rassembler physiquement. Les citoyens élisent des représentants, aussi bien pour administrer un village ou une ville que pour exercer en leur nom la fonction législative et le pouvoir exécutif. Les occasions où le peuple peut s'exprimer sans intermédiaires (on parle alors de démocratie directe) sont rares et particulières : c'est le cas du référendum. Mais, même dans ce cas, les représentants jouent un rôle. Dans le référendum d'initiative partagée envisagé en France (présenté parfois comme un référendum « d'initiative populaire »), la proposition initiale viendrait d'abord de parlementaires. Dans le cas même des votations populaires en Suisse, elle vient nécessairement d'un nombre donné de citoyens (et donc d'une section du peuple) le plus souvent inspirés par une formation ou par une personnalité politique. En somme, dans la sphère politique et pour l'exercice du pouvoir, il y a toujours une médiation. La démocratie est nécessairement représentative. Dès lors, l'enjeu est de savoir qui représente le peuple : ses élus – avec leurs défauts corrigibles et sous contrôle accru – ou tel chef autoproclamé – avec ses risques, souvent redoutables ?

À la différence du bonapartisme, qui est une spécificité française, le phénomène populiste touche toute l'Europe – sans parler de l'Amérique latine. Il se manifeste non seulement dans des pays d'Europe du Sud très durement éprouvés par la crise depuis 2008 (telles l'Italie et la Grèce) ou dans des pays de l'Est déçus par la réalité européenne (Hongrie, Pologne, République tchèque) mais aussi dans des pays du nord de l'Europe d'habitude stables et à forte tradition démocratique (le Danemark, la Finlande, la Norvège ou les Pays-Bas par exemple, sans parler de l'Autriche – pays sans chômage).

Tous ces mouvements – qui obtiennent à certains moments des scores importants (entre 10 et 25 % des voix) – présentent, sous des colorations nationales, les mêmes traits distinctifs : une dénonciation des élites, l'appel à un peuple flou mais mythifié, la peur d'une perte d'identité face à une menace – souvent d'origine étrangère – et le recours à un chef plus ou moins charismatique censé parler directement au nom du peuple. La séduction de ces forces tient en partie au fait qu'elles n'ont en général pas subi l'épreuve du pouvoir et que les citoyens n'ont pas vu leurs propositions passer au banc d'essai de la réalité.

Beaucoup de ces mouvements penchent vers l'extrême droite. Leur doctrine est trouble, mais on retrouve chez eux, avec la critique des institutions, nationales et européennes, l'invocation d'un peuple que des ennemis (hier le juif, aujourd'hui l'immigré, le plus souvent musulman) menacent dans son identité avec la complicité des élites. L'attitude xénophobe, l'appel à un chef comme seul capable de comprendre et d'interpréter les besoins du peuple signent l'extrémisme de droite de ces courants. Il en va ainsi du Front national en France, quels que soient les efforts faits par son leader pour le dissimuler.

En Europe, le populisme n'est pas non plus absent à gauche. On en a des exemples en Grèce. On le voit en France avec le Parti de gauche. Né en 2009 d'une scission du Parti socialiste, ce mouvement est officiellement socialiste, écologiste et républicain. Il est clairement hostile à toute xénophobie. Mais son chef, pourtant longtemps sénateur au Parti socialiste, ne semble pas se définir comme un social-démocrate de gauche et anime un mouvement d'un *nouveau type*, difficile à identifier. La violence, parfois surprenante, du discours de son dirigeant dérange. Le « Qu'ils s'en aillent tous ! » lancé par lui à l'intention des représentants élus de la nation rappelle étrangement les « Tous pourris ! » ou « Sortez les sortants ! » d'hier. La critique indistincte portée contre les élites – en y incluant les élus – opère une rupture avec la volonté historique de la gauche de promouvoir un « élitisme républicain ». Enfin, l'admiration sans nuances vouée à Hugo Chávez, l'ancien président autocrate, populaire et populiste du Venezuela, étonne. Frappe aussi la propension du chef du Parti de gauche à saturer l'espace politique et médiatique dans son propre mouvement au point qu'aucune autre figure politique n'a, auprès de lui, la faculté de se faire connaître du peuple (comme c'est le cas d'ailleurs, à l'autre bout du spectre populiste, au Front national). Alors que dans les autres formations politiques, nombre de personnalités s'expriment et sont bien connues des citoyens, les deux partis n'ont, chacun, qu'une unique figure de proue. En somme, on retrouve dans les deux univers opposés la tentation du chef charismatique.

Pour autant, la critique du populisme ne doit pas faire oublier la crise que traversent les systèmes démocratiques. La montée de l'abstentionnisme, la pérennité de courants xénophobes, l'instabilité politique qui affectent plusieurs pays en sont les symptômes. La fréquentation du bonapartisme à travers l'histoire nous a appris que la tentation autoritaire naît toujours d'une crise de la république. Aujourd'hui, la démocratie ne peut être menacée que par elle-même, si elle oublie le principe qui la constitue : « Le gouvernement du peuple, par le peuple et pour le peuple. » Autrement dit : si les élus oublient les parties du peuple les plus touchées par la crise économique et la mondialisation.

La démocratie hors la crise

Quelle est la nature du trouble qui affecte nos démocraties ? Est-ce le modèle démocratique lui-même qui est en crise ? Le seul remède serait alors le recours à l'autoritarisme. Ou est-ce la crise économique et sociale qui altère la démocratie ? Si c'est le cas, l'important est de lui trouver des solutions. Je crois en la seconde hypothèse.

Il est vrai que les pays développés démocratiques (États-Unis, Union européenne, Japon) sortent plus difficilement de la crise financière et économique de 2008 que les pays émergents. C'est du moins ce qu'indiquent les taux de croissance, faibles chez les premiers, soutenus chez les seconds. Mais cette divergence ne tient pas aux systèmes politiques et a en réalité tout à voir avec la chronologie du développement. Les uns ont des économies matures, les autres comblent leur retard historique. D'ailleurs, il y a des démocraties parmi les pays émergents (Brésil, Chili, Corée du Sud) où les rythmes de croissance sont élevés. Et des pays autoritaires, comme la Russie, qui – rente pétrolière mise à part – sont en croissance faible.

L'impact différent de la crise sur les sociétés a aussi des raisons historiques et culturelles. Dans les démocraties avancées, les populations ont conquis des niveaux de vie plus élevés et leur remise en cause est ressentie, à juste titre, comme insupportable. En outre, la démocratie reposant sur la représentation et la confiance, si ces liens se distendent, c'est l'ensemble du système qui se fragilise. Au contraire, dans les dictatures et les régimes autoritaires où l'obéissance silencieuse est la règle et où la protestation est réprimée, les conséquences de la crise, même violentes, restent longtemps enfouies. Pourtant, l'explosion des inégalités, la généralisation de la corruption, l'extension de la pollution sont, au côté de l'absence des libertés, des caractéristiques de ces derniers pays. À l'inverse, les pays démocratiques, notamment européens, restent en tête des classements en matière de bien-être individuel et collectif.

Naturellement, l'évolution du monde appelle des prises de conscience chez les Européens et en particulier chez les Français. La première concerne la mondialisation. Celle-ci est un phénomène qui, sous des formes spécifiques, s'est plusieurs fois manifesté dans l'histoire de l'humanité. Les échanges entre l'Orient et l'Occident par la route de la soie jusqu'au XVe siècle, la découverte du Nouveau Monde à la fin du XVe siècle, l'impérialisme et la colonisation au XIXe ont été des formes de mondialisation. Elles témoignent de l'irrésistible mouvement qui pousse l'humanité à faire se rencontrer les différentes parties d'elle-même.

La mondialisation d'aujourd'hui est totale et systématique en raison de la révolution dans les transports et les communications. Elle pose des problèmes d'adaptation et de régulation mais, si l'on doit en discuter les formes, il serait vain de la contester dans son principe. Il est vrai que l'irruption des pays émergents dans le circuit mondial des échanges a des conséquences sur notre compétitivité. De même, le développement accéléré de la Chine et de l'Inde entraîne des ponctions massives supplémentaires dans les réserves énergétiques et les ressources rares (minerais, terres et eau). Il pose en des termes plus aigus le défi du réchauffement climatique. Mais que des centaines et des centaines de millions d'êtres humains, aujourd'hui en Asie et en Amérique latine, demain en Afrique, sortent de la misère et, pour nombre d'entre eux, accèdent au bien-être est un processus positif. Les mouvements migratoires sur la planète – qu'on ne peut interdire mais qu'il faut réguler – prendraient une force déflagrante si l'ensemble du Sud était condamné à la misère de masse. Les raisons de nos difficultés ne se trouvent pas à l'extérieur. Le problème est chez nous et la solution est en nous.

Elle n'est pas de nature institutionnelle. Prenons le cas de la France. La critique constante de la démocratie parlementaire de la part des mouvements bonapartistes et autoritaires, au XIXᵉ comme au XXᵉ siècle, a porté sur l'instabilité ministérielle et la faiblesse de l'exécutif. Or, avec la Vᵉ République, ces deux motifs de reproche ont disparu : les gouvernements durent, l'exécutif domine le législatif. Plus largement, si l'on songe aux désastres provoqués par les dictatures du passé et si l'on examine les tares des régimes despotiques actuels, on voit mal quel système politique alternatif à la démocratie représentative pourrait répondre aux attentes de nos peuples. L'autocratisme russe ? La férule du Bureau politique du Parti communiste en Chine ? Le péronisme réinventé au Venezuela ? Une dictature militaire ? À l'évidence, non. En vérité, la question posée à l'Europe et à la France n'est pas celle de leurs institutions mais celle de leurs choix de société.

L'Europe et les États-Unis doivent prendre la mesure de la crise actuelle, née de la déformation et de la dérive de leur système économique et financier devenu mondial. Par son ampleur, sa durée et son impact sur les peuples, elle s'apparente en gravité à la crise des années 1930. Le chômage de masse est là, la pauvreté et la précarité se répandent. Cette crise ne prend pas encore des formes aussi explosives : nous ne sortons pas d'une guerre mondiale, l'Europe n'est plus déchirée par des nations rivales, les États ont souvent mis en place des systèmes sociaux protecteurs. Mais les mêmes causes tendent à produire les mêmes effets : des dérives nationalistes, des tentations autoritaristes, des fantasmes xénophobes. Or il ne suffit pas de rappeler les leçons tragiques de l'histoire pour détourner les peuples de ces illusions dangereuses. En effet, pour les nouvelles générations, le présent est toujours neuf. Et passé un certain degré de désespérance, la passion peut l'emporter sur la raison.

L'Europe doit comprendre qu'elle ne résoudra pas cette nouvelle crise historique par les moyens ordinaires de l'orthodoxie économique. L'austérité tue la croissance et empêche le retour à l'équilibre. Ainsi, on désespère les peuples en vain. Ne soyons pas les Hoover ou les Laval des années 2010. Si la réduction des dettes d'État et la maîtrise des finances publiques restent des objectifs indiscutables, le rythme du retour à l'équilibre, la mesure des efforts demandés aux peuples et le choix des moyens pour réussir ne peuvent être dictés par les marchés et les agences de notation. Ils relèvent des États qui tiennent leur légitimité des peuples. Il faut donc que le système financier, qui s'est émancipé de la sphère productive, c'est-à-dire de l'économie réelle, soit réduit et remis sous le contrôle des États et des organisations internationales intergouvernementales. Cela passe déjà par la suppression des « paradis fiscaux », qui n'ont aucune justification économique, et par l'interdiction des produits financiers hyper-spéculatifs.

Le continent européen souffre aujourd'hui de deux défaillances. L'État-nation a vu réduire ses prérogatives au profit de l'Union et les institutions européennes n'ont pas pris le relais. Elles se montrent passives face à la crise parce qu'elles sont dominées par l'idéologie du « laisser faire ». Les citoyens européens se trouvent donc face à un double vide.

La solution n'est pas pour les nations, et donc pour la France, de sortir de l'Union – au risque de la disloquer – ni même de renoncer à l'euro et d'opérer un repli sur le territoire national, comme le suggèrent souvent les mouvements populistes. Un tel processus, surtout s'il se doublait d'une politique hostile aux étrangers sur le territoire national, nous isolerait de façon dramatique dans un monde de plus en plus interdépendant et provoquerait un puissant traumatisme intérieur.

La réponse est de remettre de la puissance et de la volonté aux deux échelons : national et européen. L'Union doit cesser d'être passive face aux crises financières nationales. Elle ne peut se borner à des gestes de sauvetage financier assortis de plans d'austérité drastiques. Une telle politique provoque la colère des peuples et les détourne de l'idéal européen. Après les élections européennes de 2014, l'impératif sera déjà de choisir une Commission européenne animée à nouveau par une personnalité d'envergure et habitée exclusivement par la volonté de sortir l'Europe du marasme.

À l'intérieur, l'Europe doit renoncer à l'austérité

et réorienter sa politique économique. Elle doit viser simultanément le rétablissement des équilibres économiques et le retour à une croissance raisonnable. Loin de s'opposer, ces deux objectifs sont complémentaires : sans croissance, pas de redressement. Même les agences de notation le signifient, quand elles dégradent la note d'un pays.

À l'extérieur, l'Europe doit mieux défendre ses intérêts. Il ne s'agit pas, bien entendu, de revenir au protectionnisme. Mais jouer le jeu de la grande circulation des marchandises, des services et des informations ne signifie pas s'y perdre. Les États-Unis, la Chine, l'Inde ou la Russie défendent leurs intérêts nationaux. Puisque l'Union européenne est un ensemble qui n'efface pas mais dépasse les cadres nationaux, cet ensemble doit lui-même défendre les intérêts de cette communauté plus large et, à travers elle, ceux de ses membres.

La France doit contribuer au renouvellement de la vision européenne. Mais elle a un problème particulier à régler qui n'est peut-être pas sans rapport avec cette nostalgie de la gloire et ce mythe de la grandeur qui lui viennent de son passé. Les Français sont défiants. Leur défiance s'adresse aussi bien à la représentation politique qu'à la justice ou à la presse. Mais elle englobe aussi « les autres » en général, à la seule exception de la famille. À ce manque de confiance dans les autres – qui affecte la confiance en soi et amoindrit le désir de coopération – s'ajoute parfois une tendance au découragement collectif. L'intense consommation d'antidépresseurs et le taux de suicide (un des plus élevés en Europe) en sont des symptômes révélateurs.

Sans doute différents facteurs contribuent-ils à cet état de fait : un système d'éducation qui prépare peu au travail en équipe, une conception très hiérarchique du travail, un morcellement corporatif de la société. Mais le passé pèse aussi. Les Français sont capables de grandes choses : ils l'ont montré avec la Révolution française, source d'inspiration pour le monde. Ils ont à l'inverse confondu, avec l'Empire, la gloire d'un homme et la grandeur d'un peuple. Les Français ont aussi connu des moments de dépression, comme le rappelle la terrible année 1940. Aujourd'hui, l'état d'esprit collectif est maussade. Pour sortir de cette humeur, plutôt que rêver à la gloire passée ou ressasser le vieux thème de la décadence, il faudrait admettre notre chance d'être ce que nous sommes en comparaison du sort d'autres peuples et aussi avoir conscience de nos forces. Face à ce qui apparaît comme une « crise identitaire », rappelons qu'une identité collective, pour être vivante, se forge autant qu'elle se préserve. La « grandeur », aujourd'hui, ne peut s'établir uniquement sous les formes et avec les moyens du passé. Cultivons plutôt une forme d'exemplarité en dessinant un modèle dans lequel le peuple français puisse se reconnaître. Un modèle qui parle aux autres et où la recherche de l'efficacité garde pour fin l'équité.

En matière de régimes et d'idéologies politiques, l'Europe et particulièrement la France disposent d'une riche et dramatique expérience historique. Elle doit nous prémunir contre les illusions de la démagogie, la logique du bouc émissaire et les dangers de l'autoritarisme. Pas plus que le bonapartisme hier, le populisme, ce bonapartisme sans Bonaparte, n'offre aujourd'hui de solution. L'un et l'autre reposent sur la mystification. On ne peut pas être à la fois républicain et bonapartiste. Aux chefs charismatiques auto-interprètes proclamés de l'esprit du peuple, il faut préférer des représentants du peuple qui, eux, doivent se montrer exemplaires et assumer leurs responsabilités. À la multitude des individus ballottés par les marchés et les médias de masse, il faut opposer un peuple de citoyens conscients, ni exagérément sceptiques ni trop crédules, mais exerçant avec civisme leurs droits et leurs devoirs. C'est aussi en pensant à eux que j'ai écrit ce livre.

Éléments de bibliographie

Outre le *Dictionnaire Napoléon*, sous la direction de Jean TULARD, Paris, Fayard, 1987, voici les principaux ouvrages consultés :

ALGAN, Yann, CAHUC, Pierre, ZYLBERBERG, André, *La Fabrique de la défiance*, Paris, Albin Michel, 2012.

BAINVILLE, Jacques, *Napoléon*, Paris, Gallimard, coll. « Tel », 2005 (1re éd. 1931).

BERSTEIN, Serge et MILZA, Pierre, *Histoire du XXe siècle*, 3 vol., Paris, Hatier, 1996.

BRANDA, Pierre, *Napoléon et ses hommes*, Paris, Fayard, 2011.

BRAUD, Philippe et BURDEAU, François, *Histoire des idées politiques depuis la Révolution*, Paris, Montchrestien, 1983.

CASTELOT, André, *Napoléon*, 2 vol., Paris, Le cercle du nouveau livre d'histoire, 1968.

CAUCHY, Pascal, *La IVe République*, Paris, PUF, coll. « Que sais-je ? », 2004.

CHAGNOLAUD, Dominique, *La Vie politique en France*, Paris, Seuil, 1993.

CORBIN, Alain, *Les Grandes Dates de l'histoire de France*, Paris, Seuil, 2005.

DARD, Olivier, *Les Années trente*, dans Jean-François Sirinelli (sous la dir.), *La France contemporaine*, Paris, LGF, coll. « Le livre de poche », 1999.

DUHAMEL, Alain, *La Marche consulaire*, Paris, Plon, 2009.

DUHAMEL, Olivier, *Le Pouvoir politique en France*, Paris, PUF, 1991.

FERRO, Marc, *Histoire de France*, Paris, Odile Jacob, 2001.

–, *Pétain*, Paris, Fayard, 1987 ; rééd. « Pluriel », 2012.

FURET, François et OZOUF, Mona, *Dictionnaire critique de la révolution française*, Paris, Flammarion, 1988 ; rééd. « Champs », 1992.

GAULLE, Charles de, *Mémoires de guerre*, 3 vol., Paris, Plon, 1954-1959.

GARRIGUES, Jean, *Le Général Boulanger*, Paris, O. Orban, 1991.

GIRARD, Louis, *Napoléon III*, Paris, Fayard, 1986 ; rééd. « Pluriel », 2002.

GRONDEUX, Jérôme, *La France entre en République*, dans Jean-François Sirinelli (sous la dir.), *La France contemporaine*, Paris, LGF, coll. « Le livre de poche », 2000.

GUENIFFEY, Patrice, *Bonaparte*, Paris, Gallimard, 2013.

JOFFRIN, Laurent, *Les Batailles de Napoléon*, Paris, Seuil, 2000.

LAS CASES, Emmanuel de, *Mémorial de Sainte-Hélène*, 2 vol., Paris, Seuil, 1968 ; rééd. « Points », 1999.

LENTZ, Thierry, *Le Congrès de Vienne. Une refondation de l'Europe. 1814-1815*, Paris, Perrin, 2013.

– (sous la dir.), *Napoléon et l'Europe : regards sur une politique*, Paris, Fayard, 2002.

LEYMARIE, Michel, *De la Belle Époque à la Grande Guerre*, dans Jean-François Sirinelli (sous la dir.), *La France contemporaine*, Paris, LGF, coll. « Le livre de poche », 1999.

LIOGIER, Raphaël, *Ce populisme qui vient*, Paris, Textuel, 2013.

MADELIN, Louis, *Joseph Fouché*, Paris, Nouveau monde éditions, 2010.

MARTIN, Jean-Clément, *Nouvelle Histoire de la Révolution française*, Paris, Perrin, 2012.

MILZA, Pierre, *Fascisme français*, Paris, Flammarion, coll. « Champs », 1987.

MONIER, Frédéric, *Les Années vingt*, dans Jean-François Sirinelli (sous la dir.), *La France contemporaine*, Paris, LGF, coll. « Le livre de poche », 1999.

MURACCIOLE, Jean-François, *La France pendant la Seconde Guerre mondiale*, dans Jean-François Sirinelli (sous la dir.), *La France contemporaine*, Paris, LGF, coll. « Le livre de poche », 2002.

MURAT, Laure, *L'homme qui se prenait pour Napoléon*, Paris, Gallimard, 2011.

NORA, Pierre (sous la dir.), *Les Lieux de mémoire*, 3 vol., Paris, Gallimard, coll. « Quarto », 1997.

ORMESSON, Jean d', *La Conversation*, Paris, Éditions Héloïse d'Ormesson, 2011.

ORY, Pascal (sous la dir.), *Nouvelle Histoire des idées politiques*, Paris, Hachette, « Idées », 1987.

PAGE, Sylvain, *Le Mythe napoléonien*, Paris, CNRS éditions, 2013.

« Populisme contre populisme », *Actuel Marx*, n° 54, Presses universitaires de France, 2ᵉ trimestre 2013.

RÉMOND, René, *Les Droites en France*, Paris, Aubier, 1982.

–, *Les Droites aujourd'hui*, Éditions Louis Audibert, Paris, 2005.

REY, Marie-Pierre, *L'Effroyable Tragédie. Une nouvelle histoire de la campagne de Russie*, Paris, Flammarion, 2012.

ROUSSEL, Éric, *De Gaulle*, 2 vol., Paris, Gallimard, 2002 ; rééd. « Folio », 2008.

SEDOUY, Jacques-Alain, *Le Concert européen aux origines de l'Europe. 1814-1914*, Paris, Fayard, 2009.

SIRINELLI, Jean-François, *La Vᵉ République*, Paris, Presses universitaires de France, coll. « Que sais-je ? », 2008.

SOBOUL, Albert, *Le Premier Empire*, Paris, Presses universitaires de France, coll. « Que sais-je ? », 1973.

TOUCHARD, Jean, *Histoire des idées politiques*, Paris, Presses universitaires de France, 1958.

TULARD, Jean, *L'Anti-Napoléon*, Paris, Julliard, 1964.

–, *Napoléon*, Paris, Fayard, 1987.

–, *Le Temps des passions*, Étrepilly, Bartillat, 1996.

–, *Napoléon chef de guerre*, Paris, Tallandier, 2012.

–, *Les Grands Moments d'un destin*, Paris, Fayard, 2006 ; rééd. « Pluriel », 2013.

WARESQUIEL, Emmanuel de, *Talleyrand*, Paris, Fayard, 2003.

WIEVIORKA, Olivier, *Histoire de la Résistance. 1940-1945*, Paris, Perrin, 2013.

Table

RÉALISATION : NORD COMPO À VILLENEUVE-D'ASCQ
IMPRESSION : CPI BRODARD ET TAUPIN À LA FLÈCHE
DÉPÔT LÉGAL : FÉVRIER 2015. N° 122760 (3008071)
IMPRIMÉ EN FRANCE